デンマーク語慣用表現小辞典

1000 danske talemåder

鈴木雅子・新谷俊裕 編著
ved Masako Suzuki og Toshihiro Shintani

東京 大学書林 発行

はしがき

どのような言語にも文字通りの意味とは異なる意味を表す言い回し・表現があるが，デンマーク語もその例外ではない．例えば［顔を失う］が文字通りの意味であるデンマーク語のtabe ansigtという表現の意味するところは〈面子を失う〉である．この表現の意味などは文脈次第では我々日本人にも容易に想像できそうであるが，trække torsk i land［(文字通りの意味）鱈(たら)を陸(おか)に引き上げる］が〈大いびきをかく〉を意味したり，gå agurk［(文字通りの意味）キュウリへ・に行く（？)］が〈(自分自身を抑えきれないほどに）怒る〉を意味することは思いもよらないことであり，これらの表現を知らなければ，意味を取り違えたり，とんでもない誤解をするか，意味が分からずまったくお手上げになるかであろう．このような文字通りの意味とは異なる意味を表す言い回し・表現をデンマーク語ではtalemåder（あるいはidiomer）〈慣用表現〉と呼んでいる．

このような慣用表現はデンマーク本国で出版されているデンマーク語の辞典類にもその多数が挙げられているものの，例文が示されていなかったり，示されていても不十分であることが多く，慣用表現の用法が分かりにくいことが多い．それでは慣用表現の辞典はどうかと言うと，そのようなものはつい最近まで存在しなかった．唯一1982年出版のViggo Jensen. *1000 aktuelle talemåder på dansk, engelsk og tysk.* Chr. Erichsens Forlag. が慣用表現の辞書的なものであり，デンマーク語の慣用表現を英語とドイツ語の慣用表現と対照させて載せている．しかしこれらの対照の正しさが疑われる場合も多々あり，概して非常に利用しづらいものである．しかし1993年に例文の豊富なChristian Michelsen. *Idiomordbog. 1000 talemåder.* Gyldendal. が出版され事情が改善された．そしてその5年後の1998年にAllan Røder. *Danske talemåder.* Gads Forlag. とStig Toftgaard Andersen. *Talemåder i dansk. Ordbog over idiomer.* Munksgaard. が相次いで出版され，デンマーク語の慣用表現に関する事情が大きく急変した．

デンマークでこういった変化が起こっている中，日本においてデンマーク語の慣用表現を中心に，デンマーク語を研究する若手研究者が出現した．本書共編著者の鈴木雅子さんである．デンマーク語の慣用表現辞典の編纂はこのチャンスを逃せば，もう二度と機会が訪れないであろうと考え，2001年4月から1000のデンマーク語の慣用表現を例文とともに日本語で示す小辞典の準備を進めてきた．1000の慣用表現はデンマークの上記4点の文献から，Christian Michelsen. *Idiomordbog. 1000 talemåder.* を中心にして選出し，例文はこれら4点の文献のほか，*Politikens Nudansk Ordbog med etymologi*（2000）など各種デンマーク語辞典，新聞記事，デンマーク語コーパスなどから探してきたものである．

本書の執筆分担は，慣用表現の項目の約4割を新谷が担当している．また，慣用表現の選出は鈴木と新谷の共同で決定したが，選出作業そのものは鈴木が行ない，また例文の収集作業やコンピュータ入力など，すべて鈴木が行なったものである．したがって，総じて本書の8割は鈴木の仕事によるものであり，新谷は残りの2割ほどを分担したに過ぎないと言えるであろう.

最後に，本書の執筆にあたって慣用表現の意味と用法に関してご教示をいただいた大阪外国語大学の先々代デンマーク人客員教授Martin Paludan Müller氏，先代デンマーク人客員教授Pia Quist氏，現デンマーク人客員教授Janus Møller氏の3先生をはじめ多数のデンマーク人の方々に心から感謝いたします．そして，本書の出版を快く引き受けて下さった大学書林社長の佐藤政人様に衷心よりお礼を申し上げます．

2003年2月

新谷俊裕

本書を使用するにあたって

外国語と接するにあたって，慣用表現は難しさを感じるもののひとつであろう．各単語の意味を知っていても，それらが組み合わさったときに想像もつかないような意味を帯びるからである．本書では，デンマーク語学習者が意味を把握するのに難しさを覚えるであろう表現を集めている．

1．慣用表現とは

一口に慣用表現といっても，どういったものを慣用表現とするのか，明確な定義付けは難しい．まず，複数の語がひとつのまとまりとして捉えられる表現ということができる．そして，個々の単語の持つ本来の意味から全体の意味を推し量れない表現ともいえるだろう．

慣用表現の性質に少しふれてみると，まずイディオム性が挙げられる．構成要素（個々の単語）の意味と表現全体の意味との関連性である．例えば，vred på ～〈…に怒っている〉といったように，形容詞がある決まった前置詞を取る現象は，ふつう慣用表現としては捉えられない．逆に，イディオム性の高い表現としては，例えば at have skudt papegøjen［そのオウムを撃った］という表現がある．表現の意味としては〈とても幸運であった〉となるが，この意味には鳥に関することも狩りに関することも何も含まれておらず，またオウムもこの表現以外で特に幸運を示すことはない．つまり，イディオム性の高い表現とは，各構成要素に表現全体の意味を想像しうるものが全く含まれていない表現といえる．もちろんイディオム性には程度があり，これらの中間に位置するものがほとんどであろう．例えば，at koste det hvide ud af øjnene *［目の中から出てくる白いものの値段がする］という表現は，〈非常に高価である〉という意味であり，「値段がする」という動詞部分の意味はそのまま残っている．

また，「〜のように」で結ばれる表現もある．at være hvid som sne［雪のように白い］といったように誰もがうなずける比喩はイディオム性が低くなるが，at være fuld som en allike［コクマルカラスのように酔っぱらっている］は，〈ひどく酔っぱらっている〉という意味であり，コクマルカラスと酔っぱらうことの関連性を見つけることは難しく，イディオム性は高くなる．

次に慣用表現の性質として挙げられるものに固定性がある．慣用表現の語結合が固定的で，個々の要素を同義語や反意語で置き換えられず，また，時に文法規則に沿わないものもある．もちろん程度の差があり，at være langsom/hurtig/... i aftrækket［排煙がゆっくりである/早い/...］〈反応が遅い/早い/...〉というように形容詞部分を入れ替えられるものや，at bygge/slå bro mellem nogen/noget［ヒト/ナニカの間に橋を架ける］〈…の間に関係·理解を（再び）築く〉のように，動詞が同義語で置き換えられたり，人と物の両方に使われる表現は多数見られる．一方，at gå agurk *［キュウリへ·に行く］〈怒る〉という表現は文法的には正しくない．このようにある程度の置き換えがあっても，もしくは文法的に不規則なものであっても，これらは発話をする度に創造されるものではない．慣例化されている部分が濃く，だからこそ会話において理解し合えるのである．

また，慣用表現には同音異義の表現，つまり文字通りに解釈した意味が存在する場合がある．例えば，at jokke i spinaten［ほうれん草を踏みつける］は，表現としては〈へまをする〉といった意味になるが，文字通り，畑などでほうれん草を踏みつける，という解釈も可能になるわけである．そして，文字通りの解釈の場合，デンマーク語においては主動詞に強勢が置かれる．

本書では，複数語による表現で，（日本人の視点として）各単語からは想像のつきにくいものを取り上げている．表現の固定性がとても強く，辞書の語彙項目として挙げられているものや，一文として用いられていることわざや引用句は割愛してある．ただし，起源がことわざや引用句であっても，慣用表現として応用されているものは含んでいる．

以下に，本書に載せられている表現の収集方法に関して述べる．

2．収集方法

本書に載せる表現を選択するにあたり，デンマークで日常的に使用されている表現を取り入れるため，主に以下の辞典類を参考にした．

① Jensen, Viggo. 1982. *1000 aktuelle talemåder på dansk, engelsk og tysk*. Chr. Erichsens Forlag.

② Michelsen, Christian. 1993. *Idiomordbog 1000 talemåder*. Gyldendal.

③ Røder, Allan. 1998. *Danske talemåder*. Gads Forlag.

④ Andersen, Stig Toftgaard. 1998. *Talemåder i dansk. Ordbog over idiomer*. Munksgaard.

⑤ Munk, Inge & Bæk, Poul. 1998. *Av min arm*. Specialpædagogisk forlag.

⑥ Becker-Christensen, Christian (red.). 1999. *Politikens Nudansk Ordbog med etymologi*. Politiken.

まず①と②を使用し，②に載せられている表現は，ほとんどが本書に含まれている．ただし，複数の意味を持つひとつの表現として項目をまとめたり，主となる動詞の意味がそのまま生きているものなど，イディオム性の低いと思われる表現はカットしてある．①に関しては，全てに目を通した上で，ことわざ・格言・引用句として使用されているものや，上記②と同様にイディオム性の低い表現をカットした．

以上の作業を行なう上で，より多くの表現が納められている③と④，そしてイディオム性を判断する基準として，一般的に使用されているデンマーク語国語辞典⑥を参照した．

慣用表現の意味を確かなものとするにあたって，デンマーク語－英語大辞典やデンマーク語－独語大辞典も参照した．ただし，第三の言語を介することでその意味にずれが生じることもあり，曖昧な点はデンマーク語で意味が明確にされている慣用表現の辞典を参照するとともに，デンマーク人に確認を取るという作業を行なった．しかし，慣用表現の意味を定義づけることは非常に難しい．というのも，意味の捉え方に個人差（年齢差など）が生じるからである．広義に捉える人もいれば，狭義に捉える人もいる．

例えば，at købe katten i sækken［袋の中の猫を買う］という表現の意味は，各辞典で次のように説明されている．

②：中身を見ずに買う／取引においてだまされる

③：だまされる

④：そのものの価値を確かめずに買う(そのためだまされる)

⑥：予想していたよりも価値のないものを買う

この表現の起源をたどると，中世において野ウサギの毛皮の中に猫を入れて縫いつけ，それを野ウサギとして売ったという話がドイツに残っている．つまり，「袋に入った猫」とは本当は野ウサギであったはずの「偽物・まがい物」を示しており，この表現は意味としてネガティブに解釈される．ただ，上記の意味を見ても分かるように，中立的に捉えているものある．これは時代とともに意味が変化しつつあることを表しているように思う．

デンマーク語から日本語に直接引くことのできる辞典がない現状では，他言語を介して日本語に訳さなくてはならない．デンマーク語辞典においても慣用表現の意味に微妙なずれが出ているのであるから，デンマーク語－英語／独語辞典に載せられている該当する表現に関して，英和／独和辞典において訳されている日本語の意味をそのまま鵜呑みにすることには危険性が含まれているだろう．たとえ同様の表現であったとしても，意味にずれが生じうるということを気にとめる必要がある．

次に例文の収集に関しては，すでに例文の載せられている②，③を参照するとともに，身体の部位に関する表現が集められている⑤も参照した．その他，インターネット上に公開されているデンマークの新聞（主に*Politiken*と*Information*）のデータベースも活用した．また，デンマーク国語·文学協会（Det Danske Sprog- og Litteraturselskab）によって提供されていたコーパスSemaskopも使用した（現在では，同協会により新しくネット上公開のKorpus 2000が提供されている）．また，新聞やコーパスからは一語一句をそのまま引用したわけではないため，修正を加えた例文が妥当なものであるかどうか，デンマーク人に確認してもらっている．

3．本書の見方

本書に載せられている1000のイディオムは，その表現の核となる単語のアルファベット順になっている．核となる単語は基本的に名詞であり，ひとつの表現に名詞が複数用いられている場合には，最初に出てくる名詞をもとに順序立てされている．ただし，置き換え可能の名詞の場合には，例えばbenene/føddderneのように，それらの単語のうちアルファベット順の早いほうをもとに示してある．ただし，こういった表現は数が限られており，以下の5表現となる．辞典を使用する際に参照してほしい．

at slå **benene**/fødderne væk under nogen
at lade **fantasien**/følelserne løbe af med sig
at lægge **hjernen**/hovedet i blød
at hænge med **hovedet**/næbbet
ikke kunne se ud over sin egen **næse**/næsetip

ただし，未知·既知，単数·複数によるバリエーションは多く存在するので，特に不規則な変化を伴う名詞においては注意をしてもらいたい．

名詞を含まない表現のキーワードは，主に形容詞，副詞，動詞という順となるが，これはあくまでも目安であり，表現上で意味の核となるものをキーワードとしている．

また，名詞に限らず，動詞や前置詞も置き換えが可能なものは for/over や，komme ind i//være med i のように斜線を用いて示している．一単語による置き換えは / であり，複数単語の置き換えは // で示してある．ただし，動詞 få〈得る〉を用いる表現に関しては，その対となる give〈与える〉の表記を割愛している．そのため，見出しの慣用表現における動詞が få の場合，例文において give が使用されていることもある．

各慣用表現のレイアウトは，次頁のように，まず見出しの慣用表現が挙げられ，キーワードは太字で示されている．その下には，その表現を文字通りに訳した意味が［ ］内に示されている．右側には，その表現の日本語訳があり，その下にはその表現を用いた例文とその訳が示してある．日本語訳の前にある略語は，その表現の性質を各辞典を参考に付記したものである．

4．本書の分担

新谷：「はしがき」
　　　アルファベット H - N, T - V, Æ, Ø

鈴木：「本書を使用するにあたって」
　　　アルファベット A - G, O - S, Y, Å

〈レイアウトの見方〉

見出しの慣用表現
(キーワードは太字)

at tage **benene** på
nakken

*[脚を首筋の上に持っていく]

表現の直接的意味

表現の日本語訳

〈冗〉（素早く）逃げる

Da politiet kom, tog tyven benene
på nakken.
警察が来たとき，その泥棒は素早く
逃げた.

表現を含む例文とその日本語訳

※直訳的意味の［　］の前にある星印

文法的に不可能な構造の場合，または意味の点で不可能な場合.

※日本語訳の前の略語

〈日〉日常語，くだけた表現

〈改〉改まったかたい表現

〈古〉古風な表現

〈冗〉冗談

〈俗〉俗語，スラング

〈ア〉アイロニー

at være langsom/hurtig/... i **aftrækket**	〈日〉反応が遅い/早い/..., …を始めるのがゆっくりである/早い/...
[排煙がゆっくりである/早い/...]	Det er god bil omend lidt sløv i aftrækket. それは少し反応が遅いことをのぞけば良い車である.
at gå **agurk**	〈日·俗〉(自分自身を抑えられないほどに) 怒る
*[キュウリへ·に行く]	Hendes forældre gik totalt agurk, da hun kom for sent hjem. 彼女があまりにも遅くに帰宅したため,両親はひどく怒った.
at have en **aktie** (med) i noget	〈日〉…をする, …を計画するのに参加する
[ナニカに一株持っている]	Vi har alle en aktie i velfærdssamfundet. 私たちは全員, 福祉社会に参加している.
nogens **aktier** stiger	…の評価が上がる // 株が上がる
[ヒトの株が上がる]	Hans aktier hos chefen er steget. 彼に対する上司の評価が上がった.
at bruge **albuerne**	自己の目的のために人を押しのけて進む
[肘を使う]	Hun kom til tops ved at bruge albuerne. 彼女は人を押しのけることで成功した.

de er to **alen** af ét stykke

[それらは一片の２アーレン{昔の尺度：約0.63m}である]

（特にネガティブな点で）よく似ている

Med hensyn til penge er de to alen af ét stykke.
お金に関しては，彼らはよく似ている．

at være fuld som en **allike**

[コクマルカラスのように酔っぱらっている]

〈日〉ひどく酔っぱらっている

Han kom hjem fuld som en allike.
彼はひどく酔っぱらって帰宅した．

så sikkert som **amen** i kirken

[教会におけるアーメンのように確かな·に]

〈日〉確実に

Han kommer så sikkert som amen i kirken.
彼は絶対に来ます．

at tabe **ansigt**

*[顔を失う]

面子を失う

De tabte ansigt pga. affæren.
彼らは不倫で面子を失った．

at blive lang i **ansigtet**

*[顔において長くなる]

…に失望する；だまされた感じを受ける

Jeg blev noget lang i ansigtet over ikke at blive inviteret.
私は招待されないことにいくぶん失望した．

at bruge/benytte **apostlenes** heste

[使徒たちの馬を用いる]

〈冗〉徒歩で行く

I stedet for at tage bilen kunne du jo bruge apostlenes heste!
車を使う代わりに歩いていけるでしょう！

at få en **appelsin** i turbanen//sin turban

幸運にも努力せずに…を成し遂げる，棚からぼたもち

[自分のターバンの中にオレンジを得る]

På en eller anden måde får du nemlig en appelsin i din turban.
何らかの方法で，あなたはつまりたなぼたなんですよね．

at få/have **appetit** på noget

…に対する欲求を得る / 持っている

[ナニカに食欲を得る/持っている]

Hun havde stor appetit på at rejse.
彼女は旅行することを強く望んでいた．

at tage noget i stiv **arm**

（困難な状況などを）難なく切り抜ける

[ナニカをつっぱった腕で持つ]

Han tog nyheden i stiv arm.
彼はその知らせを落ち着いて受けとめた．

at tage imod nogen/noget med åbne **arme**

…を喜んで受け入れる

[ヒト/ナニカを広げた腕で受け入れる]

De tog imod tilbuddet med åbne arme.
彼らはその申し出を喜んで受け入れた．

at give den hele **armen**

〈日〉全力を傾ける，最大の努力を持って行なう

*[それに腕全体を与える]

Orkestret gav den hele armen til den sidste koncert.
そのオーケストラは最後のコンサートに全力で挑んだ．

at komme af/fra **asken** (og) i ilden

[灰(の中)から来て火の中に入る]

小難を逃れて大難に出会う·陥る

Han brød sig ikke om sin chef og var derfor glad for at komme til en anden afdeling. Men han opdagede hurtigt, at han var kommet fra asken i ilden.

彼は自分の上司のことが気に入らず，それで別の課に移るのを喜んだ．しかし自分が小難を逃れて大難に陥ったことがすぐに分かった．

at stille/sætte sig på **bagbenene** [後ろ脚で立つ/座る]	反対の意を表す；邪魔しようとする Hans kone sætter sig altid på bagbenene. 彼の妻は常に異議を唱える.
at liste noget ind ad **bagdøren** [ナニカを裏戸からしのばせる]	〈日〉…を密かに・ずるがしこい方法でやり遂げる・導入する De listede forslaget ind ad bagdøren. 彼らはその提案を密かにやり通した.
at give **bagerbørn** (hvede)brød [パン屋の子供たちに(小麦)パンを与える]	余計な・無駄なことをする；すでに十分持っているものを与える »En plade! Hvorfor give ham en plade? Ham, der arbejder i en pladeforretning!« »Nå, nej. Man skal selvfølgelig ikke give bagerbørn hvedebrød.« 「レコードだって！どうして彼にレコードをあげるの？レコード店で働いている彼に！」 「ああ，そうですね．無駄なことをしてはいけませんね．」
at gå i **baglås** *[*うしろ錠の中に入る]→[錠が固まって開かなくなる]	〈日〉頑なになる；行き詰まる Forhandlingerne er gået i baglås. 交渉は行き詰まった.

bagsiden af medaljen

[メダルの裏側]

事物の裏面·弱点；良いものにも避け難い欠点があること

Guiden viste os den smukke gamle bydel, men ikke bagsiden af medaljen: fattigkvartererne i byens udkant.

ガイドは私たちに町の美しい古い区画を案内したが，裏面，すなわち町の外縁にある貧民地区は案内しなかった．

noget går ned ad **bakke**

[ナニカが丘を下る]

悪化する，落ちぶれる

Det begyndte at gå ned ad bakke for ham sidste efterår.

昨年の秋から事態は彼にとって悪くなり始めた．

det **bal** er forbi

[その舞踏会は終わり]

〈日〉終わりである

Investorerne hjemtog kæmpe gevinster, men det bal er forbi nu.

投資家は多大なる利益を得たが，それも今や終わりである．

en hård **banan**

[堅いバナナ]

〈日·俗〉冷淡な奴，人の気持ちのわからない奴，無神経な奴

Man behøver ikke at være en hård banan for at drive den forretning.

その店を経営するのに冷淡な人間である必要はない．

at kunne/turde bande på noget — 〈日〉…を確信する

[ナニカに悪態をつくことができる]

Jeg tør bande på, vi aldrig ser ham mere.
私たちは二度と彼に会うことはないと私は確信します.

at bringe noget på bane — …について話し始める, …を紹介する

[ナニカをコート·走路に持っていく]

Han bragte sagen på bane ved mødet.
彼は会議においてその件を持ち出した.

at kridte banen op — 〈日〉外枠を決める;条件をはっきりさせる

[コートをチョークで書く]

Vi er nødt til selv at kridte banen op.
私たちは自分たちで条件をはっきりさせなければならない.

at gribe i (sin) egen barm — 他人の非を見る前に自分に対して批判的になる

[自分の胸をつかむ]

I virkeligheden må vi gribe i egen barm.
本当は, 私たちは自分に対して批判的でなくてはならない.

kaste/smide barnet ud med badevandet — 何かを変えようとして重要なものもだめにしてしまう, 角を矯めて牛を殺す

[子供を風呂の水と一緒に流す]

Partiet har fornyet sig uden at kaste barnet ud med badevandet.
その政党は重要なところをだめにすることなく刷新した.

B

at gå nogen i bedene

[ヒトの花壇を歩く]

…の領分を侵害する

Private vagtværn er begyndt at gå politiet i bedene.

民間の警備会社が警察の領分を侵害し始めた．

at sidde/være begravet i noget

[ナニカに埋もれている]

…で忙しい；…に深くかかわっている

Han sidder dybt begravet i arbejde.

彼は仕事に没頭している．

at have ben i næsen

[鼻の中に骨を持っている]

窮地を乗り切るのがうまい；強い意志を持っている；根性がある

Drengen har ben i næsen.

その男の子は意志が強い．

at have begge ben på jorden

[地に両脚をつけている]

現実的である，足が地に着いている；落ち着いている

Selv om hun er en international stjerne, har hun begge ben på jorden.

彼女は国際的なスターであるにもかかわらず，足が地に着いている．

at have fået det forkerte/gale ben (først) ud af sengen

[ベッドから間違った脚を（最初に）出した]

朝から機嫌が悪い

Hun må have fået det forkerte ben ud af sengen, siden hun er meget sur her til morgen.

朝から彼女が怒っているということは，起き抜けから機嫌が悪かったのでしょう．

at spænde **ben** for nogen/ noget

[ヒト/ナニカに脚をかけてつまずかせる]

…の邪魔をする

Han blev ved med at spænde ben for hendes forfremmelse.
彼は彼女の昇進の邪魔をし続けた.

at stå med det ene **ben** i graven

[片脚を墓に入れて立っている]

〈日〉死が近づいている

Faktisk stod han med det ene ben i graven.
実際のところ，彼は死にかけていた.

at stå på egne **ben**

[自身の脚で立っている]

自分で何とかする

Han havde lært at stå på egne ben.
彼は自立することを学んだ.

at sætte det lange **ben** foran

[長い脚を前に出す]

〈冗〉急ぐ，…に間に合うように急いで歩く

De måtte sætte det lange ben foran for at nå toget.
彼らは，その電車に間に合うよう急がなくてはならなかった.

det er der ingen **ben** i

[そこにはひとつの骨もない]

〈日〉理解·実行するのが簡単である

Det første eksperiment kan I selv lave - det er der ingen ben i.
最初の実験は自分たちでできますよ．簡単ですから.

ikke få et ben til jorden — …を発言する·行動する機会を得られない；話し合いや口論をうまくできない

[片脚を地面につけられない]

Fraktionen fik ikke mange ben til jorden i debatten.
そのグループは議論においてあまり発言できなかった.

ikke vide hvilket ben man skal stå på — どのように反応して良いのか分からない

[どちらの脚で立つべきか分からない]

Hun ved ikke, hvilket ben hun skal stå på, af glæde.
彼女は喜びのあまりどのように反応して良いのか分からない.

noget får ben at gå på — (素早く)使われる

[ナニカが歩くための脚を得る]

Pengene fik hurtigt ben at gå på.
お金はすぐに使われた.

at komme/være på benene (igen) — (再び) 立ち上がる/立ち上がっている；(再び) 活動する/活動している；(再び) 元気になる/元気になっている

*[(再び)脚の上に来る/いる]→[(再び)立ち上がる/立っている]

Hele byen var på benene fra morgenstunden for at tage del i festlighederne ved byjubilæet.
町の記念祭というお祝いに参加するため，町全体が朝から活動していた.

at være på benene — 起きている

*[脚の上にいる]→[立っている]

Han var normalt på benene allerede klokken seks om morgenen.
彼はふつう朝6時にはもう起きていた.

at slå **benene**/fødderne væk under nogen

[ヒトの下で脚/足を取り払う]→[ヒトの足を払う]

…を困惑させる，…を驚かす

Den store restskat slog helt fødderne væk under ham.

莫大な税金の未払い額は彼を驚かせた.

at stable noget på **benene**

[ナニカを脚の上に積み上げる]

設立·準備する

De fik stablet festen på benene.

彼らはパーティーの準備を整えた.

at tage **benene** på nakken

*[脚を首筋の上に持っていく]

〈冗〉（素早く）逃げる

Da politiet kom, tog tyven benene på nakken.

警察が来たとき，その泥棒は素早く逃げた.

at gå/skære (ind) til **benet**

[骨のところまで入る/裂く]

〈日〉経費を徹底的に削減する；…の本質をつく

Den offentlige sektor er blevet skåret ind til benet de seneste år.

公的部門は近年，経費を徹底的に削減された.

at gøre sig ud til **bens**

*[脚に出る(?)]

〈古〉強情である，問題を起こす

Hun gjorde sig ud til bens med alle.

彼女は誰に対しても強情である.

B

at tage bestik af noget

[ナニカの船位を確定する]

…を評価·調査する，…をする前に状況を推し量る

På kolde vinterdage tager man bestik af vejret, før man klæder sig på.

寒い冬の日，服を着る前に天気を推し量る．

det skal du få betalt!

[それを君は払われることになる]

〈日〉仕返しを受ける，罰を受ける

»Du har knækket alle mine farve-blyanter. Det skal du få betalt!«

「君は僕の色鉛筆を全て折ってしまった．今に思い知らせてやるからな．」

at få bid

[一噛みを得る]→[魚釣りで食いの手応えがある]

〈日〉結果を得る，望みが叶う

Fik du bid på din annonce?

あなたの広告に反応はありましたか？

at gå til biddet

*[一噛みへ行く]

〈日〉始める；真剣に取りかかる

Han har været længe om at komme i gang med at reparere huset, men nu går han til biddet.

彼は家の修理に着手するまでに長いことかかったが，今，取りかかり始めた．

at bide fra sig

*[自分から噛む(?)]

（厳しい言葉で）身を守る

Den knægt forstår virkelig at bide fra sig.

あの少年はたてついて身を守ることをよく知っている．

at **bide** noget i sig
[自分の中のナニカを噛む]
（痛み，感情を）ぐっとこらえる，我慢する
Hun skar sig på en kniv, men bed smerten i sig.
彼女はナイフで自分を傷つけてしまったが，痛みをぐっとこらえた．

at blive/være **bidt** af noget
[ナニカに噛まれる]
〈日〉…に対して多大なる興味を持つ/持っている
Hun er bidt af en gal skuespiller.
彼女は俳優に大いに関心を持っている．

at komme ind i//være med i **billedet**
[絵の中に入る/入っている]
ある状況において意味を持つ/持っている
Han har slet ikke været inde i billedet som kandidat.
彼は候補者としては全くその事態に関係していなかった．

at stjæle **billedet**
[絵を盗む]
注目を浴びる
Hun var ikke den eneste flotte pige til festen, men det var nu alligevel hende, der stjal billedet.
そのパーティにおいて彼女が唯一のきれいな女の子だったわけではないが，それでも注目を集めたのは彼女だった．

ude af billedet — 無関係で，お門違いで

[絵の外で]

Fodboldspilleren blev så alvorligt skadet, at han var ude af billedet resten af sæsonen.
そのサッカー選手は重傷を負ったため，残りのシーズンは外れることになった.

at lægge **billet** ind på noget — 〈日〉関心を示す，広告などに回答する

[切符を中に入れてナニカにのせる]

De lagde billet ind på den ny radiokanal.
彼らはその新しいラジオチャンネルに関心を示した.

at tage **billetten** — 〈日·俗〉死ぬ

[その切符をとる]

Min far tog billetten på samme måde.
私の父も同じ方法で亡くなりました.

at skrue **bissen** på — 〈日〉腹を立てる

[暴漢者をねじで留める]

De var ligeglade, indtil jeg skruede bissen på.
彼らは私が腹を立てるまでは気にもとめていなかった.

at være over alle **bjerge** — 逃げている，いなくなっている

[全ての山々の向こうにいる]

Da politiet kom, var tyven over alle bjerge.
警察が来たとき，その泥棒は逃げていた.

at have en **bjørn** på

[熊をかぶっている]

〈俗〉泥酔している

Han har en ordentlig bjørn på.
彼は相当酔っぱらっている.

at vende et **blad**

[葉・紙を裏返す]

心機一転する，新しいことを始める；状況が変わる

Hver gang du vender et blad, kommer der mere og mere at se til.
あなたが新しいことを始めるたびに，やることがだんだん増えていく.

at være et ubeskrevet **blad**

[何も書かれていない葉・紙である]

若さや未経験のため余り知られていない

Hun fik de fineste anmeldelser, skønt hun var et ubeskrevet blad.
彼女は，まだ新人であるにもかかわらず，最高の批評を得た.

at tage **bladet** fra munden

[口から葉・紙をとる]

意見を包み隠さずに述べる

Hun syntes, at det var på tide at tage bladet fra munden.
彼女は，今こそはっきり言うときだと思った.

at være **blank**

[真っさらである]

1.〈俗〉一文無しである

Han stjal, fordi han var helt blank.
彼は無一文だったため盗みを働いた.

2.〈俗〉(ある分野に) 知識がない

Han var nervøs for sin historie-eksamen, for der var mange områder, hvor han var helt blank.
彼は歴史の試験に緊張していた. というのも彼には全く知識のないところがたくさんあったからである.

ikke være **bleg** for noget

[ナニカに対して青ざめていない]

〈日〉…に対してたじろがない

Han er ikke bleg for at sige sin mening.
彼は自分の意見を述べることを恐れない.

at stirre sig **blind** på noget

[ナニカを盲目的に見る]

あるひとつのものだけを見る, 一部分だけを見て全体を見損ねる

Han har stirret sig blind på hendes dårlige sider.
彼は彼女の欠点だけを見た.

uden at **blinke**

[まばたきすることなく]

躊躇することなく

Tjeneren kom med en stor regning, men min ven betalte uden at blinke.
そのウェイターは高い請求書を持ってきたが, 私の友人はためらうことなく支払った.

at bringe/få nogens **blod** i kog

*[ヒトの血を沸騰させる·沸き立たせる]

…を激怒させる；(性的に）興奮させる

Hun vidste udmærket, at sådan en bemærkning bragte hans blod i kog.

彼女には，そのような発言が彼を激怒させることがよく分かっていた.

at få **blod** på tanden

[歯に血を得る]

さらにやる気を得る，再び試す気になる

Hans første parti skak var en succes, så nu har han fået blod på tanden.

彼のチェスの最初の一番は成功だった．そのため彼は再びやる気である.

at have blåt **blod** i årerne

[静脈に青い血を持っている]

高貴である，高貴な家系である

Er det rigtigt, at han har blåt blod i årerne?

彼が貴族の血を引いているというのは本当ですか？

at sætte ondt **blod** (i/mellem nogen)

[(ヒトの中に/の間に)悪い血をおく]

〈古〉（…に/の間に）ねたみや不和を生む

Krigen satte ondt blod mellem soldaterne og befolkningen.

その戦争は兵士と住民の間に不和をもたらした.

at få **blodet** til at stivne i nogens årer

[血をヒトの静脈の中で凝固させる]

（恐怖で）ぞっとする

Den gyserfilm fik blodet til at stivne i mine årer.

そのホラー映画は私をぞっとさせた.

at ligge nogen i **blodet**

[ヒトの血の中に横たわっている]

(興味や才能は) 生まれ持ってのものである

Musik ligger ham i blodet.
彼は天性の音楽家である.

at gå ad **Bloksbjerg** til

[ブロッケン山へ行く]

〈俗〉消える

Lad os håbe, at kommunalbestyrelser, Folketing og regering vågner op og får sendt nogle fordomme ad Bloksbjerg til.
コムーネ議会, 国会そして政府が目を覚まし, 偏見を消し去ってくれることを期待しましょう.

at have det som **blommen** i et æg

[玉子の中の黄身のようにそれを持っている；玉子の中の黄身のような状態にある]

望みうるかぎりの良い状態である // 調子である；きわめて調子が良い；ぜいたくに·安楽に暮す

»Har du det godt med dit nye job?« »Som blommen i et æg.«
「新しい仕事の調子は良いですか.」
「とても良い調子です.」

at køre på lavt **blus**

[弱火で進む·運転する]

ペースを落とす；落ち着いて行なう

Han har arbejdet hårdt i mange år, men nu kører han på lavt blus.
彼は長年一所懸命に働いてきたが, 今はのんびりとしている.

at have **bly** i enden/røven

[お尻に鉛を持っている]

〈日・俗〉(何かを始めるのに)ゆっくり・のんびりとしている

Han har altid bly i røven, når vi skal ud af døren.

彼は私たちが出かけるとき，いつものんびりしている.

at være klar som **blæk**

[インクのようにはっきりしている]

〈ア〉ちんぷんかんぷんである，理解しがたい

Hans forklaring var klar som blæk.

彼の説明はちんぷんかんぷんであった.

at fare i **blækhuset**

[インク壺の中で疾走する]

激しい怒りをもって文書による抗議を行なう

Tv-udsendelsen fik mange seere til at fare i blækhuset.

そのテレビ放送は多くの視聴者に抗議文を書かせた.

blæse være med noget

*[ナニカとともにあること・吹くこと]

〈日〉どうでもよい

Blæse være med demokratiet - det er bare en særlig fisefornem udgave af janteloven.

民主主義などどうでもよい．それは単にヤンテの規則の特にお高くとまったバージョンにすぎない.

at gøre **blæst** af noget

[ナニカで風を起こす]

つまらないことで大騒ぎをする

Det er ikke noget at gøre blæst af.

それは騒ぐほどのことではない.

der står **blæst** om nogen/ noget

*[ヒト/ナニカのまわりに風が立っている]

…に関してよく議論される

Der var megen blæst om byggeriet af den nye bro.

その新しい橋の建設を巡って激しい議論が起こっていた.

at putte/stikke nogen **blår** i øjnene

[ヒトの目の中に麻くずを入れる/突っ込む]

…の目をごまかす；…をだます

Jeg vil ikke stikke folk blår i øjnene og påstå, at det er sandt.

私は人びとの目をごまかして，それが正しいと主張しようとは思わない.

at tale med store **bogstaver**

[大文字で話す]

叱る；(怒りのため) 大声で断固とした口調で話す

Politikeren talte med store bogstaver.

その政治家は大声で話していた.

at spille **bold** med nogen/noget

[ヒト/ナニカとボールをプレイする]

…をいいように扱う；…を賢い方法で使用する

Hun er god til at spille bold med fremmedord.

彼女は外来語を上手に扱う.

at give **bolden** op

[ボールを放す]→[(サッカーで) キックオフする]

…を始める；…のきっかけを与える

Derefter var bolden givet op til flere timers politisk drilleri.

その後，数時間にわたる政治的なからかいが始まった.

at spille bolden videre — 責任を自分から他の人へと任す

[引き続き//その先へ(?)ボールをプレイする]

Han lod, som om han intet vidste, og gav bolden videre.
彼はまるでなにも知らないかのように装い，責任を回避した.

at sætte **bom** for noget — …を邪魔する·止める

[ナニカに対する遮断機を置く]

Hans ‘måske’ satte ligesom en bom for videre uddybning af emnet.
彼の「おそらく」という言葉が，その話題をさらに掘り下げることを止めさせた.

at lade en **bombe** springe — 〈日〉驚くことを告げる

[爆弾を爆発させる]

Ministeren lod den bombe springe, at han vil træde tilbage
その大臣は引退するという驚きのニュースを伝えた.

at dele **bord** og seng (med nogen) — 〈改〉パートナーとして一緒に住む

[(ヒトと)テーブルとベッドを共有する]

De har delt bord og seng i tyve år.
彼らは20年間一緒に暮らしている.

at gøre rent **bord** — 全てを正直に話す；…を徹底して行なう；…を終わらせる

[きれいな·清潔なテーブルを作る]

Han betalte sin gæld for at gøre rent bord.
彼は借金を全て支払い終わった.

at kaste noget over bord …を捨てる·あきらめる

[船縁を越えてナニカを投げる]

Han kastede alle betænkeligheder over bord.
彼はためらいをいっさいかなぐり捨てた.

at banke under bordet そのとき話していた幸運が消えてしまわないよう，もしくは話していた嫌なことが起こらないようにという希望を表す

[机の下を叩く]

»Der har ikke været nævneværdige uheld, siden jeg startede i 1967.« siger den mand og banker under bordet.
「1967年に私が始めてから大した問題は起こっていません」とその男は言い，その幸運が消えてしまわないように机の下を叩いた.

at betale (et beløb) under bordet 賄賂を払う

[その机の下で(金額を)払う]

For at få lejligheden måtte han betale 10.000 kr. under bordet.
そのマンションを得るため，彼は袖の下として10,000クローネを支払わなくてはならなかった.

at feje noget af bordet …を引っ込める·却下する

[ナニカをその机から払い落とす]

Lovforslaget blev fejet af bordet.
その法案は否決された.

at gå under bordet

[その机の下に行く]

〈日〉酔いつぶれる

Han gik under bordet ret tidligt på aftenen.

彼はその晩早いうちから酔いつぶれた.

at slå i bordet

[その机をたたく]

(我慢の限界を超えて) 叱る，強気な態度にでる；自分の意見をはっきりさせる

Det er på tide, du slår i bordet og forlanger lønforhøjelse.

そろそろ君の意見をはっきりさせ，昇給を要求してもいい頃だ.

bordet fanger

[その机が捕らえる]

約束はそのままである，変更は利かない

Du har jo lovet at komme, bordet fanger.

あなたは来ると約束しましたよね，変更は利きませんよ.

at bore i noget

[ナニカに穴を開ける]

…について話し続ける，…の真相を究明しようとする

Lad være med at bore mere i den sag.

その件についてこれ以上首を突っ込むのは止めなさい.

at gå bort

[遠くへ行く]

〈改〉死ぬ (特に死亡記事において)

Vor kære mand og far NN er gået bort.

我らの愛する夫であり父である○○は死去しました.

at ligge **brak**

利用されていない，沈滞している

[耕作されずにいる]

Grunden har ligget brak, siden bygningerne blev revet ned.

その土地は，建物が取り壊された後，活用されていない.

at gå i//stille sig i **brechen** for nogen/noget

…を守る，…を擁護·弁護する；…に積極的に加わる

[ヒト/ナニカのために隙間に入る]

Jeg vil godt gå i brechen for dig i denne sag.

私はこの問題において喜んであなたを擁護します.

at affyre en **bredside** mod nogen

〈冗〉…を激しく批判する

[ヒトに向かって片舷斉射を行なう]

Politikeren affyrede en bredside mod sin modkandidat.

その政治家は対立候補者に対して激しく批判した.

at bygge/slå **bro** mellem nogen/noget

…の間に関係·理解を(再び)築く

[ヒト/ナニカの間に橋を架ける]

De har været uvenner længe, men nu har jeg slået bro mellem dem.

彼らは長いこと仲違いをしていたが，今，私が彼らの仲をもとに戻した.

at stampe mod **brodden**

〈改〉権力あるものに対抗する，（身の程をわきまえずに）反抗する

[(動物の)針·(植物の)とげ·突き棒に向かって踏みつける]

Det bliver hårdt for dig at stampe mod brodden.

権力に対抗することはあなたにとって難しくなります.

at bryde/brænde alle **broer** (bag sig)

[(自分の後ろの)全ての橋を壊す/燃やす]

退却の道を絶つ，背水の陣を敷く

Han har brudt med sin fortid og brændt alle broer bag sig.
彼は自分の過去を一切絶ち，背水の陣をしいた.

noget falder nogen for **brystet**

[ナニカがヒトの胸に落ちてくる]

感情を害する，ひんしゅくを買う

Den provokerende annonce er faldet mange læsere for brystet.
その扇動的な広告は多くの読者の気分を害した.

at **brænde** inde med noget

[ナニカで//ナニカをもって焼き払う//焼け死ぬ]

1.〈日〉…を言わない

»Du skal ikke sidde og brænde inde med det, der trykker dig,« sagde han.
「ただ座って黙っていてはだめだよ，ちゃんと意見を言わないと.」と彼は言った.

2．どの商品も売ることができない

På grund af den dårlige sommer er tøjbutikkerne brændt inde med en masse sommertøj.
夏は天候が悪かったので，洋服屋さんは夏服を売ることができなかった.

at **brænde** nogen af

[ヒトを焼き払う]

〈日〉…との約束を守らない

De havde aftalt at spise middag, men hun brændte ham af.
彼らはディナーを食べると約束していたが，彼女は彼との約束を守らなかった.

at betale alt på ét **bræt**

[一枚の板の上で全てを支払う]

全てを一回で支払う

Han kunne vente en måned med at betale sidste halvdel af beløbet, men han valgte at betale alt på ét bræt.
彼は残りの半額の支払を１月待てたが，一度に支払うことを選んだ．

at sætte alt på ét **bræt**

[一枚の板の上に全てを置く]

全てをひとつのことにかける（そのため大きなリスクを背負う）

Han satte alt på ét bræt ved at opgive sin karriere.
彼は自分のキャリアをあきらめて全てをかけた．

at have nogen i sit **brød**

*[自分のパンの中にヒトを持っている]

〈改〉…を雇っている

Nu har han 70 mennesker i sit brød.
今，彼は70人を雇用している．

at slå et større **brød** op end man kan bage

[焼くことができる以上に大きなパンをこねる]

実力以上のことを始める

Han prøvede selv at reparere sin bil, men dér havde han slået et større brød op, end han kunne bage.
彼は自分で車を直そうと試みたが，できる以上のことを始めてしまった．

noget går som varmt **brød**

[ナニカが温かいパンのように行く]

〈日〉…がよく売れる

Hans nye cd går som varmt brød.
彼の新しいCDはよく売れている．

at tage **brødet** ud af munden på nogen

[ヒトの口からパンを取り出す]

1. …を失業させる，生活の糧を奪う

Supermarkederne har taget brødet ud af munden på den lille købmand.
それらのスーパーマーケットは小さな食料雑貨商から生活の糧を奪った.

2. …の先手を打つ

Hans beslutning tog brødet ud af munden på mig.
彼の決心は私の先手を打った.

at kaste **brønden** til, når barnet er druknet

[子供が溺れてから井戸を埋める]

〈改〉事故が起こってから対策を講じる，泥棒をみて縄を綯う，後の祭り

Det er for sent at kaste brønden til, når barnet er druknet.
事が起こってから対策を講じても遅すぎる.

at spænde **buen** for højt

[弓を高く張りすぎる]

〈改〉あまりにも大きな·非現実的な目標を掲げる

Grunden til, at det mislykkedes, var at vi spændte buen for højt.
それが失敗した原因は，我々があまりにも非現実的な計画を立てたからである.

at få **bugt** med nogen/noget

[ヒト/ナニカで湾/カーブ/曲がり(?)を得る]

…にうち勝つ；問題を解決する

Lægerne kunne ikke få bugt med sygdommen.
医師たちはその病気を治すことができなかった.

at blive taget med **bukserne** nede

[ズボンをおろした状況でつかまる]

〈日〉（特に恥ずかしい状況で）不意をつかれる

Man kan ikke gøre noget, før han bliver taget med bukserne nede.

彼が不意をつかれる前にできることはない.

at ryste i **bukserne**

[ズボンの中で震える]

〈日〉怖がる，不安になる

Hans autoritet fik modstanderne til at ryste i bukserne.

彼らの権力は対立候補を不安にさせた.

at begynde/stå/være (helt) på bar **bund**

[(まったく)何もない底の上で・に始める/立っている/いる]

1. 何もないところから作る

Da han i sin tid startede firmaet, begyndte han helt på bar bund.

彼がかつて会社を興したとき，彼は全く何もないところから始めた.

2. 情報が不足している，…について知らない

Det var tre måneder siden, præsidenten blev myrdet, men politiet stod stadig på bar bund.

大統領が殺害されたのは３ヶ月前になるが，警察は未だ手がかりを掴んでいない.

at komme længere ud end man kan **bunde**

[底に足が届くよりも遠く・沖に来る・行く]

どうしようもできない問題を抱える

Han kom aldrig i situationer, hvor han ikke kunne bunde.

彼は，どうしようもできない状況に陥ったことはなかった.

at skrabe bunden

[底をこそげる]

〈日〉（悪いものも）全てとる；最後の手を使う，最後のお金を使う

Da de ansatte ham, må de virkelig have skrabet bunden.

彼を採用したからには，彼らは誰でも採用したに違いない．

at være god nok på bunden

[底では十分良い]

心の奥底では良い人間である

Hun kan godt virke lidt barsk, men hun er god nok på bunden.

彼女はちょっと無愛想に見えるかもしれないが，本当は良い人である．

at vende bunken

[（積まれた）山をひっくり返す]

もう一度最初から始める

Efter hospitalsindlæggelsen var han nødt til at vende bunken.

入院生活のあと，彼は一から出直さなくてはならなかった．

at komme ud af busken

[茂みからでてくる]

自分の考えを率直に述べる；前に立つ勇気がある

Mange ensomme mennesker har svært ved at komme ud af busken med deres ensomhed.

多くの孤独な人たちは，彼らが孤独であると素直に打ち明けることに困難を覚えている．

at gå fejl/forkert/galt i **byen**

[町の中で間違って行く·歩く]

失敗する；間違った人·場所へと行く

Hvis du tror, jeg vil finde mig i det, så er du gået galt i byen.

もし私がそれを我慢すると思うなら，あなたは間違っています.

at male **byen** rød

[町を赤く塗る]

〈日〉飲んだり楽しむために町へと出かける

Vi havde desværre ikke råd til at male byen rød.

残念ながら，私たちは飲みに行く金銭的余裕がありません.

at have en **bøhmand** på

*[お化けをかぶっている]

〈日·俗〉酔っぱらっている

Han havde en ordentlig bøhmand på.

彼は相当酔っていた.

at være på **bølgelængde**

*[波長の上にいる]

〈日〉互いに共感する，波長が合っている

Vi er ikke helt på bølgelængde med hinanden.

私たちはお互い波長がそれほど合っていない.

at have overstået sine **børnesygdomme**

[小児病を克服した]

1．最初の難しさを乗り越えた

Vindmøllerne er ved at have overstået børnesygdommene.
風車はその最初の困難を乗り切りつつある．

2．若い頃に持っていた（粗暴な）態度や習慣を断ち切った

Som ung kunne han være meget skånselsløs i sin kritik af anderledestænkende, men nu har han overstået sine børnesygdomme.
若いとき，彼は異なる考えを持つ人に対してとても批判的だったが，今はそれを卒業している．

at rejse **børster**

[逆毛を立てる]

〈日〉攻撃的になる，怒りを表す

Udtalelsen fik straks folk til at rejse børster.
その声明はすぐに人々の怒りを買った．

at spytte i **bøssen**

[缶・募金箱に唾を吐く]

〈日〉募金をする，寄付する

»Vi er ved at samle ind til en gave til Lise.«
»Fint. Jeg vil også gerne spytte i bøssen.«
「リーセへのプレゼン代を集めているの．」
「いいわね，私も喜んで寄付するわ．」

at være i samme båd

[同じボートにいる]

〈日〉(困難な・あまり嬉しくない) 同じ状況にいる

Økonomisk set var vi pludselig i samme båd.

経済的に見ると，私たちは突然同じ苦境にいた．

at fare frem med//true med bål og brand

[たき火と火事をもって突進する//脅す]

強硬な手段に訴える，脅す

Han truer altid med bål og brand.

彼はいつも強硬な手段に訴える．

at lægge bånd på sig selv

[自分自身にひもを置く]

自分を抑える，やりたいことをしない

Jeg måtte lægge bånd på mig selv for ikke at slå ham.

私は彼をぶたないように自分を抑えなければならなかった．

at være knyttet sammen med stærke bånd

[強いひもで結ばれている]

強い絆で結びついている

De to brødre var knyttet sammen med stærke bånd.

その２人の兄弟は強い絆で結ばれていた．

at sætte nogen i bås

[ヒトを馬房に入れる]

…に対して特定の見方をする，…にレッテルを貼る

Hun er altid så hurtig til at sætte folk i bås.

彼女はいつもすぐに人を型にはめる．

at forstyrre nogens **cirkler**

[ヒトの円を邪魔する]

…の考えや仕事を邪魔する

Der er intet, der kan forstyrre vore cirkler.

私たちの仕事を邪魔できるものは何もない.

et værre **cirkus**! // sikke et cirkus!

[とても悪いサーカス！//何というサーカス！]

大騒ぎ

Da han kom hjem, var festen i fuld gang. »Sikke et cirkus!« udbrød han.

彼が帰宅したとき，パーティーの真っ最中であった.「なんて騒ぎだ！」と彼は叫んだ.

at presse **citronen** (til sidste dråbe)

[レモンを(最後の一滴まで)搾る]

〈日〉できるかぎりを引き出す，状況を最大限に生かす

De pressede citronen til det yderste.

彼らは状況を最大限に生かした.

at give en god **dag** i noget

*[ナニカの中に良い日を与える]

〈改·古〉…に対して関心を持たない

Han gav en god dag i, hvad andre mente om hans måde at leve på.
彼は，彼の生き方に関して他人がどう思おうと気にしなかった．

at have kronede **dage**

*[冠をかぶった日々を過ごす]

悲しみなく過ごす；大成功する

Folk, der lever af informationer om Internet, har kronede dage.
インターネットに関する情報で生計を立てている人々は成功している．

at være nogen op ad **dage**

*[日が高くなるとヒトである]

…にそっくりである

Datteren er sin mor op ad dage.
その娘は母親にそっくりである．

at være så god, som **dagen** er lang

[日が長いほどに良い]

善良な人である，親切で思いやりにあふれている

Han er altså så god, som dagen er lang.
彼はつまり親切で思いやりにあふれているんです．

(lige) til **dagen** og vejen

[その一日と道程に(ちょうど)]

（経済的に）必要なだけ

Han tjener lige til dagen og vejen.
彼は日々に必要なだけを稼いでいる．

at høre til **dagens** orden

[議事日程に入っている]

日常茶飯事である

I New York hører vilde biljagter efter forbrydere til dagens orden.

ニューヨークでは犯人を追跡する手荒なカーチェースは日常茶飯事である.

at komme for **dagens** lys

[日光・昼光の前に来る]

(秘密などが) 公表される，白日のもとにさらされる

Det var en meget pinlig affære for ministeren. Hver dag kom nye, belastende oplysninger for dagens lys.

それは大臣にとってとてもばつの悪い出来事だった. 毎日，新しい，不利な情報が白日のもとにさらされた.

at se **dagens** lys

[日光・昼光を見る]

日の目を見る；公表される；現れる；作られる；できる；生まれる

I de senere år har mange fortovs-cafeer set dagens lys rundt om i byen.

ここ数年間にオープンカフェが町のあちこちにたくさんできた.

at sætte **dampen** op

[蒸気をあげる]

スピードを上げる；がんばる；能率を上げる；張り切る

Hvis vi skal være færdige med arbejdet inden jul, må vi sætte dampen op.

クリスマスまでに仕事を終えるには，スピードを上げなければならない.

D

at gå bag af dansen 後退する，落ち目になる；ぬかされる

*[ダンスの後ろから離れて行く]

Hendes nyeste cd er en påmindelse om, at hun langt fra er gået bag af dansen.

彼女の最新CDは，彼女が落ち目になっているというには程遠いということを教えてくれる.

at stå distancen 課題をやり遂げる

*[距離を立っている(?)]

Det overraskede mig, at han stod distancen.

彼が最後までやり遂げたとは驚きです.

at tygge drøv på noget …を熟考する

*[ナニカを反芻でかむ]→[ナニカを反芻する]

De har tygget drøv på den sag i alt for lang tid.

彼らはその件に関してもあまりにも長い間考えすぎた.

en dråbe i havet 何の変化ももたらさない無意味なもの，焼け石に水

[海の中の一滴]

Den smule penge er kun en dråbe i havet.

その僅かなお金は単に焼け石に水ですね.

dråben der får bægeret til at flyde over 我慢の限界を超えさせるもの，堪忍袋の緒を切れさせるもの

[杯をあふれさせてしまう一滴]

Det sidste overfald var dråben, der fik bægeret til at flyde over.

最後の襲撃が我慢の限界を超えさせた.

at ligne hinanden som to **dråber** vand

[二滴の水のようにお互いに似ている]

うり二つである

Tvillingesøstrene lignede jo hinanden som to dråber vand, selv om de var så forskellige af sind.

その双子の姉妹は性格は異なるものの，うり二つでしたね．

at vente på, at der skal flyve stegte **duer** ind i munden på nogen

[ローストされた鳩がヒトの口の中に飛んでくることを待っている]

〈冗〉あまり努力せずに成し遂げたい；棚からぼたもちを待っている

De tror bestemt ikke på, at de stegte duer kommer flyvende lige ind i munden på dem.

彼らは決して棚からぼたもちを信じていない．

at **dykke** ned i noget

[ナニカの中に潜る]

…に没頭する，…を徹底的に調査する

Journalisterne valgte at dykke ned i spørgsmålet om nye afgifter.

ジャーナリストたちは新しい税金に関する問題点を徹底的に調査することを選んだ．

det er som at slå i en **dyne**

[掛け布団を殴るようなものである]

徒労に終わる

I går bad jeg igen ungerne om at rydde op, men det roder stadig. Det er som at slå i en dyne.

昨日，再び子供たちに片付けるように言ったが，まだ散らかっている．全く何の効果もないんだから．

at feje for (sin) egen **dør**

[自分のドアの前を掃除する]

他の人を批判する前に自分の失敗を見つめる·直す

Foreningen bør feje for egen dør, inden de fører sig frem.

その組合は自分たちの主張を持ち出す前に，自分たちの失敗を見つめ直すべきである．

at holde en **dør**//døren åben//på klem
//at lade en dør//døren stå åben//på klem

[ドアを少し開けておく]

可能性を残しておく

De holder stadig en dør på klem til en våbenhvile.

彼らは今も休戦の可能性を残している．

nogen/noget åbner alle **døre**

[ヒト/ナニカが全てのドアを開ける]

良い可能性を与える

Da jeg skulle i banken for at snakke om et lån, tog jeg min ven med. Hans navn åbner nemlig alle døre i bankverdenen.

私は銀行に融資について話をしに行くとき，友人を連れて行った．つまり彼の名前は銀行界において影響力を持っているのだ．

at falde med **døren** ind i huset

[ドアと一緒に家の中に倒れる]

唐突にやってくる

Du behøver ikke falde med døren ind i huset.

突然押しかけることはないんだよ．

at vise nogen døren …を拒絶する

[ヒトにドアを示す]

Han var træt af, at hans ven altid kom for at låne penge, så han besluttede at vise ham døren næste gang.
彼は友達がいつも金を借りに来るのに嫌気が差したので，次は断ろうと決心した．

noget står for døren もうすぐ起こる，間近に迫っている

[ナニカがドアの前に立っている]

Alle mennesker havde travlt, for julen stod for døren.
皆が忙しくしていた．というのはクリスマスが間近に迫っていたからだった．

at gå stille med dørene 目立たないようにする；ある件に関して大人しくしている

[ドアを静かに(閉めて)歩く]

Jeg vil bede dig om at gå lidt stille med dørene.
もう少し大人しくしてもらえませんか．

at løbe/rende nogen på dørene …のところに押しかけ続ける，しつこく悩ませる

[ヒトのドアの所にかけつける]

Journalisten rendte den kendte skuespiller på dørene i lang tid.
そのジャーナリストは有名な俳優を長いこと追いかけ回した．

at smække med dørene 怒り·抗議をもって去る

[ドアをバタンと立てて閉める]

Han forlod mødet og smækkede med dørene, da han gik.

彼は会議を去り，怒りを表して出ていった．

ikke give ved dørene お金を出ししぶる；(教師が) 成績評価が厳しい

[ドアのところで与えない]

De var svære at forhandle med, for de gav ikke ved dørene.

彼らとは交渉するのが難しかった．というのは彼らがお金を出ししぶったからだ．

der er **ebbe** i kassen
[金庫の中は引き潮である]

〈日〉あまりお金がない

»Vil du med i Tivoli i aften?«
»Nej du, der er ebbe i kassen.«
「今晩チボリに一緒に行かない？」
「いいえ，懐が寂しいので.」

at have fat i den rigtige/lange **ende**
[正しい/長い方の端をつかんでいる]

…に対して力を持っている，…を支配している；優勢である；…をうまく処理する

Han har haft svært ved at få kunder til sin nye forretning, men nu ser det ud til, at han har fat i den rigtige ende.
彼は新しいお店にお客を集めることに苦労していたが，今はうまくやったようである.

at spinde en **ende**
[端を紡ぐ]

作り話をする；だらだらと話す

Hun spandt en ende over onkelens eskapader.
彼女は叔父のバカ騒ぎに関して作り話をした.

at sætte nogen/noget på den anden **ende**
[ヒト/ナニカをもう一方の端の上におく]

…対して大きな騒ぎを起こす，ごった返す

Forberedelserne til festen satte huset på den anden ende i flere dage.
パーティーの準備のために，数日にわたって家の中がごった返していた.

noget vender den tunge **ende** nedad [ナニカが重い端を下に向ける]	社会的弱者に打撃を与える//苦しめる Afgiften vender den tunge ende nedad. その税金は社会的弱者を苦しめる.
enden på legen [遊びの終わり]	事の結果 Enden på legen blev, at de solgte bilen. 結果として彼らはその車を売ることになった.
at bukke begge **ender** sammen på nogen *[ヒトの両端をたたむ]	〈日・冗〉…をぶちのめす Min far kan bukke begge ender sammen på din far. ぼくのお父さんは君のお父さんをやっつけられる.
der går en **engel** gennem stuen [居間を天使が通っていく]	大きな・快活な集まりで突然静かになる，会話が突然とだえる De holdt op med at synge, og en engel gik gennem stuen. 彼らは歌うことを止め，突然静かになった.
at være i sit **es** *[自分のエースの中にいる]	〈日〉はつらつとしている Når han sidder ved computer, er han rigtig i sit es. 彼はコンピューターの所にいるときは，はつらつとしている.

at komme ud på ét

[1(番)に出てくる]→[{くじで}1番に当たる]

何の違いもない，どちらでもよい

»Skal vi gå tur nu eller efter, vi har spist?«
»Det kommer vel ud på ét.«
「今，もしくは食後に散歩に行きますか.」
「どちらでも.」

at holde facaden

[正面を保つ]

全てがうまくいっているかのように振る舞う

Hun kæmper for at holde facaden over for omverdenen.

彼女は周囲にうまくいっているように見せるために奮闘している.

frisk fra fad

[大皿からの新鮮な]

〈日〉全く新しい

Tv-avisen bragte nyheden om kuppet frisk fra fad.

(デンマーク・ラジオ局の)テレビニュースはクーデターに関する全く新しいニュースを伝えた.

at stå/være fadder til noget

*[ナニカに対して代父になる]

…を発起する，主唱する；…に手を貸す，影響を及ぼす

De snakkede om, hvem der mon havde stået fadder til den idé.

彼らは誰がそのアイデアを主唱したのか話していた.

at kunne mere end sit fadervor

[自分の主の祈りよりも多くできる]

経験豊かである，計り知れない

Her må justitsministeren vise, at han kan mere end sit fadervor.

ここで法務大臣は彼が経験豊かであることを見せなくてはならない.

at komme/ville til **fadet**

[大皿の所へ行く]→[食事をとる]

自分の分け前をもらう；権力のある地位につく

Han var ivrig efter selv at komme til fadet.

彼は自分が権力のある地位につくことを強く望んでいた.

at **falde** over noget

[ナニカの上に倒れる]

偶然に…を見つける

Jeg faldt tilfældigvis over et par billige sko nede i byen.

私は町で偶然にも安い靴を見つけた.

på **falderebet**

[タラップの上で]

最後に；別れるときに

Jeg vil godt give et glas her på falderebet.

ここでお別れに一杯おごります.

at male **fanden** på væggen

[壁に悪魔を描く]

〈日〉最悪の事態を思い浮かべる//想像する；実際よりも悪く考える；不吉なことを言う；縁起でもないことを言う

Han er slem til at male fanden på væggen.

彼は縁起でもないことを言う癖がある.

at snakke **fanden** et øre af

[しゃべって悪魔の耳がとれる；悪魔の耳がとれるくらいしゃべる]

〈日〉とてつもなくしゃべる；他の人が口をはさめないほど立て続けにしゃべる；非常によくしゃべって誰でも説得する//説き伏せることができる

Hun kan snakke fanden et øre af.

彼女はたてつづけにしゃべることができる.

før **fanden** får sko på

[悪魔が靴を履く前に]

とても朝早くに

De læser avis hver morgen, før fanden får sko på.

彼らは毎朝とても早くに新聞を読む.

at melde sig under **fanerne**

[旗の下に集う]

ある運動に参加する

Da krigen var en realitet, meldte mange sig frivilligt under fanerne.

戦争が現実のものとなったとき，多くの人が志願した.

at lade **fantasien**/ følelserne løbe af med sig

*[空想/感情に自分を持ち去らせる]

空想をたくましくする；感情のなすがままにする；…を圧倒する

Følelserne løb af med ham.

感情は彼を圧倒した；彼は感情の抑えがきかなくなった.

så falder **far**s hammer

[それで父親のハンマーが落ちる]

〈日〉それで罰せられる，しかられる

Så faldt fars hammer, endnu engang.

それで罰せられた，さらにもう一度.

der er **fart** over feltet

*[マス目·領域の上方にスピードがある]

…が早く進む；盛会である，にぎやかである

Der er fart over feltet, hvis hun er med.

もし彼女が一緒なら盛会だろう.

ikke at blive **fed** af noget	〈日〉大した(経済的)利益を得ない
[ナニカで肥えない]	Man bliver ikke fed af at tjene hos Valborg. ヴァルボーに仕えても大した利益にならない.
at stege/dyppe nogen i hans/hendes eget **fedt**	〈日〉…に同じ手口で仕返しをする；自業自得で苦しませる
[ヒトをそのヒトの脂肪で焼く//脂肪の中につける]	Lad ham bare stege lidt i sit eget fedt. 彼は自分が悪いのだから放っておけ.
at bringe noget i **felten**	〈改〉…を示す，提案する
[ナニカを戦場に持ってくる]	Diskussionen var ved at gå i stå, da han bragte nogle nye argumenter i felten. 彼が新しい論点を示したときには，その議論はとまりかけていた.
at lade **fem** (og syv) være lige	どうでもよいと思う，小さなことにこだわらない
[5(と7)を端数のないちょうどの数にする]	Han var så træt, at han lod fem og syv være lige. 彼はどうでもよいと思うほどに疲れていた.
ikke være ved sine fulde **fem**	ぼーっとしている，意識がもうろうとしている
*[自分の完全の5のところにはいない]	Desuden skal den syge være ved sine fulde fem. おまけに，その病人は意識をもうろうとしていてはいけない.

at have **fidus** til nogen/noget

[ヒト/ナニカに対してこつを持っている]

…を信頼している

Jeg har ikke så meget fidus til ham.
私は彼をあまり信用していません.

at gøre en god/dårlig/... **figur**

[よい/悪い/...姿を作る]

よい/悪い/... 印象を与える

Han gjorde en dårlig figur ved middagen.
彼はディナーの席で悪い印象を与えた.

at være hård i **filten**

[フェルト(の中)で固い]

〈日〉冷淡である

Jeg bliver tit beskyldt for at være hård i filten.
私はよく冷淡であると責められる.

at have en **finger** med i spillet

[ゲームに指を１本はさむ]

…に一枚かんでいる

Man mistænker ham for at have en finger med i spillet.
彼がその件に一枚かんでいると疑われている.

at stikke en **finger**//fingeren i jorden

[地面に指をさす]

状況に応じて対応の仕方を調整する，その場の雰囲気に合わせる

Før du stiller krav om lønforhøjelse, må du hellere stikke en finger i jorden.
昇給を求める前に，場の雰囲気を見た方がいいよ.

ikke (ville) løfte/røre en **finger**

[1本の指も上げない/動かさない]

〈日〉何一つしようとしない

Han løfter ikke en finger i huset.
彼は家のことを何もしない.

at have **fingeren** på pulsen

[脈に指をおいている]

世の中やある特定の分野で起きていることを熟知している

En god journalist har fingeren på pulsen.
優秀な記者は世の中で起こっていることを熟知している.

at sætte **fingeren** på det ømme punkt/sted

[痛いところに指をおく]

悪事·弱点をあばく

Rapporten sætter fingeren på samfundets ømme punkter.
そのレポートは社会の触れられたくない問題点を明らかにする.

at have grønne **fingre**

[緑の指を持っている]

植物を育てることが得意である

Sikke en flot have! Du må have grønne fingre.
なんて素敵なお庭なの！あなたは植物を育てるのがとても上手ですね.

at have lange **fingre**

[長い指を持っている]

盗みを働く

Hold øje med de unger, der lige er kommet ind i butikken! De har lange fingre.
今お店に入ってきた子供たちに気をつけて！彼らは盗みを働くよ.

at krydse **fingre** for nogen/noget

[ヒト/ナニカのために指を交差させる]

…に良い結果を望む

Hun skal til eksamen i morgen, så jeg vil krydse fingre for hende.

彼女は明日試験を受けるので，彼女のために幸運を祈ります．

at se igennem **fingre** med noget

[ナニカをもって指の間から見る]

わざと…を見落とす；…を大目に見る

Desværre ser nogle kommuner igennem fingre med, at miljø-kravene ikke overholdes.

残念ながら，いくつかのコムーネは環境基準が満たされていないことを見て見ないふりをしています．

at brænde **fingrene**//sine fingre

[(自分の)指を燃やす]

ひどい目にあう

Når man investerer i kunst, er det klogt at se sig godt for. Ellers kan man let brænde fingrene.

芸術に投資をするときには，注意深くするのが賢い．そうでないと容易にひどい目を見る．

at kunne noget på **fingrene**

[指でナニカができる]

完璧にできる，とても得意である

Eleverne kunne deres lektier på fingrene.

生徒たちは宿題を完璧にできた．

ikke lægge fingrene imellem 思いやりがない，自分の考えをはっきりと示す

[間に指を置かない]

Træneren lagde ikke fingrene imellem i sin kritik af holdets spil.
そのコーチはそのチームのプレイに関する批判をストレートに述べた.

at være frisk som en fisk とても元気である

[魚のように新鮮である]

Nu er jeg igen frisk som en fisk efter influenzaen.
今は，私はインフルエンザが治ってまたとても元気です.

noget går i fisk 〈日〉失敗する

*[ナニカが魚の中に入る]

Deres planer for sommeren gik i fisk.
彼らの夏の計画はうまくいかなかった.

at fiske efter noget 賞賛を得ようとする；情報を手に入れようとする

[ナニカを求めて魚を釣る；ナニカを求めて手探りをする]

Han fiskede efter, hvor meget jeg får i løn.
彼は私がどれだけの給与を得ているか知ろうとした.

at have en (lille) fjer på 〈俗〉少し酔っている

[(小さな)羽根を身につけている]

Vi havde vist alle sammen en lille fjer på i går.
私たちは昨日おそらく全員少し酔っていた.

at pynte/smykke sig med lånte **fjer**

[借りてきた羽根で自分を飾る]

〈改〉他人の手柄を横取りする

»Synes du ikke, jeg er sluppet godt fra at male stuen?«
»Jo, den er blevet flot, men smykker du dig nu ikke med lånte fjer? Var det ikke din kone, der lavede det meste?«

「居間のペンキ塗りがうまくいったと思わないかい？」
「ええ，とてもきれいになりました．しかし，他人の手柄を横取りしていませんか？大部分は奥さんが塗られたのでは？」

en **fjer** i hatten

[帽子の中の//帽子にさした羽根（飾り）]

誇りとしているもの；自慢の種

Det var en fjer i hatten for ham at blive opstillet til formandsposten.

会長候補に指名されることは彼にとって自慢の種だった．

at tone rent **flag**

[きれいな旗に色をつける]

〈改〉正直である；自分の意見を明らかにする

Hvis alle toner rent flag, så kan vi komme videre.

全員が自分の意見をはっきりと述べれば，先へと進むことができる．

at gå ned med **flaget**

[旗とともに下がる]

〈日〉降参する，だめになる

Efter hans død gik hun helt ned med flaget.

彼の死後，彼女はすっかりだめになってしまった．

at slå sig på **flasken**

[瓶にぶつかる]

〈日〉大酒を飲む，酒に溺れる

Efter han var blevet arbejdsløs, havde han slået sig på flasken.
彼は失業した後，酒に溺れた．

at være (helt) ude af **flippen**

*[(完全に)えりの外にいる]

〈日·俗〉我を忘れる，やけくそになる

Han var helt ude af flippen, fordi han ikke kunne finde sin pung.
彼は自分の財布を見つけることができず，すっかりやけくそになっていた．

at fare rundt som en **flue** i en flaske

[瓶の中の蝿のように飛び回る]

〈俗〉あたふたとする，落ち着かない

Hun for rundt som en flue i en flaske, inden gæsterne kom.
ゲストが来るまで彼女はばたばたとしていた．

at slå to **fluer** med ét smæk

[一撃で二匹の蝿をうつ]

ふたつのことを一度に達成する，一石二鳥を得る，一挙両得する

Foreningen slår to fluer med ét smæk og holder årets generalforsamling efter præsentationsmødet med kandidaterne.
組合は，候補者の紹介をするミーティングの後に今年度の総会を行ない，一石二鳥を図る．

at sætte nogen fluer i hovedet
〈古〉…にはかない希望を抱かせ(てわくわくさせ)る
[蝿をヒトの頭(髪)の中に置く]
Du skal ikke høre på din storesøster. Hun sætter dig bare fluer i hovedet.
あなたのお姉さんの言うことに耳を傾けてはいけません．彼女はあなたにはかない希望を抱かせるだけですから．

at flyde ovenpå
調子がよい，幸運である
[上で流れる]
Han har en særlig evne til at flyde ovenpå.
彼は調子よくやっていくという特別な才能を持っている．

at holde noget flydende
〈日〉…を動かし続ける
[ナニカを流れる状態に保つ]
Trods svære tider holdt de forretningen flydende.
難しい時期にもかかわらず，彼らは店を続けた．

at sidde på flæsket
〈日〉(特に経済状態が)うまくいっている；うまい汁を吸う；贅沢に暮らす
[豚肉の上に座る]
Det er de rige, der sidder på flæsket.
うまい汁を吸っているのは金持ちの人たちである．

at skumme fløden
甘い汁を吸う
[クリームをすくい取る]
I det firma er det ikke medarbejderne, men aktionærerne, der skummer fløden.
その会社では社員ではなく株主が甘い汁を吸っている．

at flå nogen (for penge) 〈日〉お金を搾り取る

*[(お金に関して)ヒトの皮をはぐ]

Skattevæsenet flår danskerne for penge.
税務署はデンマーク人からお金を搾り取っている.

at leve på en stor fod 豪勢な暮らしをする

[大きな足で暮らす]

De unge levede på en stor fod.
若者たちは豪勢に暮らしていた.

at stå på god fod med nogen …と良い関係にある

*[ヒトと良い足で立っている]

De står på god fod med deres naboer.
彼らは隣人と良い関係にある.

på lige fod 同じ条件で

[同様の足で]

I mange brancher bliver kvinder ikke behandlet på lige fod med mænd.
多くの部門で，女性は男性と同条件の待遇を受けていない.

på stående fod 即座に，さっそく

[立っている足で]

Jeg kan forklare formlen på stående fod.
私はその公式をすぐに説明できます.

som fod i hose とても簡単に；完璧に

[靴下の中の足のように]

Det passer som fod i hose.
それは完璧にあっている.

at bringe/hjælpe nogen/ noget på **fode** (igen)

[ヒト/ナニカを(再び)足で立てるようにする//立てるように手伝う]

(身体的·経済的に)立ち直らせる，…を元気にする

Hans forretning har gået dårligt i nogen tid, men nu har han bragt den på fode igen.

彼の店はしばらくの間うまくいっていなかったが，今は彼が立て直した．

at komme på **fode** (igen)

[(再び)足で立つようになる]

再び良くなる，健康になる；立ち直る

Min far har været meget syg her i vinter, men nu er han kommet på fode igen.

私の父はこの冬とてもひどい病気だったが，今は再び良くなっている．

at få **foden** indenfor

[足を内側に入れる]

足場を固める，なじむ

Han har længe prøvet at få foden indenfor i edb-branchen, og nu er det endelig lykkedes.

彼は長いこと，コンピューター分野において足場を固めようと試みたが，今やついにうまくいった．

at sætte/få/have **foden** under eget bord

[自分の机の下に足を置く]

〈古〉自分の家·会社を持つ

Børnene er voksne nu og har sat foden under eget bord.

子供たちは今は成長し，自分たちの家を持っている．

at gå/følge/træde i nogens **fodspor**

[誰かの足跡の中を歩く/従う/踏む]

他の人の例に倣う

Den berømte skuespillers datter ville gå i sin fars fodspor.

その有名な俳優の娘は，父を倣ってその道を進もうとした．

at finde/vende tilbage til **folden**

[囲いに戻る]

自分の家族・友達の元に帰る；状況を受け入れる

Han har været ude at rejse et halvt år, men nu er han vendt tilbage til folden.

彼は半年間旅に出ていたが，今彼は古巣に戻った．

at komme i//ud af de gamle/vante **folder**

[古い/ふだんのしわの中に入る//から出る]

ふだんのリズム・日常になる//から抜け出す

Han trænger til at komme ud af de vante folder.

彼は日常から抜け出す必要がある．

at slå sine **folder**

[自分の（服の）折り目をつける]

1．〈日〉留まる；働く

Han arbejder mest som teaterskuespiller, men slår også sine folder i tv.

彼は主に舞台俳優として働いているが，テレビでも仕事をしている．

2．〈日〉楽しむ

Han bar tydeligt præg af at have slået sine folder under sit weekendophold i København.

彼がコペンハーゲンで週末を楽しんできたことは明白である．

F

at gå (lige) i **folk** med træsko på	とても感じが良くて素朴である；人びとにすぐに気に入られる
[木靴をはいて人びとの中に(まっすぐに)入っていく]	Hun var en pige, der gik i folk med træsko på. 彼女は人々にすぐに気に入られる女の子だった.
noget bærer **frugt**	…が結果をもたらす
[ナニカが実を付ける]	Deres ihærdige arbejde har båret frugt. 彼らの熱心な働きは実を結んだ.
at høste **frugten** af sit/andres arbejde	自分の/他人の仕事の成果に報われる
[自分の/他人の仕事の果実を摘む]	Nu kan han høste frugten af de fem års arbejde. 今，彼は5年にわたる仕事の成果に報われる.
at høre en **fugl** synge om noget	…に関する噂を聞く
[鳥がナニカについて歌うのを聞く]	Jeg har hørt en fugl synge om, at du kommer. あなたが来るという噂を聞きました.
at lade den **fugl** flyve	目的·計画をあきらめる，忘れてしまう
[その鳥を飛ばせる]	Det er vist nok bedst at lade den fugl flyve. おそらくあきらめることが最善でしょう.

hverken fugl eller fisk → hverken **fugl** eller fisk

[鳥でも魚でもない]

どっちつかずである，良くも悪くもない，海のものも山のものとも知れない

Regeringens forslag er hverken fugl eller fisk.
政府の提案はどっちつかずである．

at være (lutter) **fyr** og flamme (for noget)

[(ナニカに対して)(まったくの)火と炎である]

…に興奮している；…に夢中である

Børnene var fyr og flamme for at komme på kanoferie.
子供たちはカヌー休暇に行くことに興奮していた．

at få **færten** af noget

[ナニカのにおいを嗅ぎつける]

…を察知する

Han fik færten af, at noget var galt.
彼は何かがおかしいということに感づいた．

at få kolde **fødder**

[冷たい足を得る]→[足が冷たくなる]

怖じ気づく，しりごみする

Da han så hende, fik han kolde fødder og stak af.
彼は彼女を見たとき，怖じ気づいて逃げ出した．

at kvæle noget i **fødselen**

[出産の中でナニカののどをしめる]

…が発展することを邪魔する，萌芽のうちに摘み取る

Samarbejdet mellem de tre partier blev kvalt i fødselen.
その３党間における協力は初期段階で摘み取られた．

at trække **følehornene** til sig

[触角を自分の方に引っ張る]→[触角を引っ込める]

控えめになる，慎重になる，自粛する；ひっこむ

Han trak følehornene til sig, da hun blev vred.

彼は，彼女が怒ったとき慎重になった.

at stikke en **føler** ud

[触角を伸ばす]

慎重に探りを入れる

Da hun skulle lære sin nye klasse at kende, stak hun en føler ud hos en pige.

彼女は担当する新しいクラスを知る必要があったので，ひとりの女の子に慎重に探りを入れた.

at skille **fårene** fra bukkene

[山羊から羊を分ける]

悪人から善人を区別する，良いものと悪いものを分ける

Konkurrencen vil skille fårene fra bukkene.

その競合は良いものと悪いものを区別するだろう.

at **gabe** over for meget

[多すぎることにあくびする]

大きな課題をこなそうとする，手に余ることをやろうとする，(経済的に) 手を広げすぎる

Hun gaber over for meget og bliver derfor hurtigt stresset.

彼女は手に余るような仕事をやろうとして，そのためすぐにストレスがたまる.

ved det **gamle**

[古いもののそばに]

伝統どおりに，以前のままで，変わったことは何もなく

Alt er ved det gamle hjemme hos mor og far.

両親のところでは全てが昔と変わらない.

at gå sin skæve **gang**

[自分のゆがんだ歩調で歩く]

なるようになる，なるようにしかならない

Nu må den sag gå sin skæve gang.

今やその件はなるようにしかならない.

at have sine **garn** ude efter nogen/noget

[自分の網をヒト/ナニカを求めて出している//仕掛けている]

…の興味を引こうと試みる；…を得ようと努める

»Jakob snakker meget om Lise.«
»Ja, han har vist sine garn ude efter hende.«

「ヤコブはリーセについてよく話しますね.」
「ええ，彼は多分彼女の気を引こうとしていますよ.」

at tage **gas** på nogen

*[ヒトのガス·だぼらを取る]

〈日〉ヒトをからかう，愚弄する

Tager du gas på mig?
私のことをからかっているの？

gassen går af nogen/ballon(en)

[ガスはヒト/風船から出る·抜ける]

やる気を失う

Gassen er vist gået af ham nu.
今や彼はやる気を失ったようだ．

på fersk **gerning**

*[塩分のない行ないで]

現行犯で

Politiet greb tyven på fersk gerning.
警察は泥棒を現行犯で捕らえた．

at gå (helt) over **gevind**

[ねじを(完全に)越えていく]

抑制が利かなくなる；自制を失う，無茶なことをする，取り乱す

Han har det med at gå over gevind, når han har drukket.
彼は飲むと自制がきかなくなる癖がある．

nogen/noget er en/ingen **gevinst**

[ヒト/ナニカは利益·賞品である/ない]

とても価値がある/ない

»Hvordan er jeres nye kollega?«
»Åh, han er ingen gevinst for afdelingen.«
「あなた方の所の新しい同僚はどうですか？」
「うん，彼はこの部署では全く使い物にならないよ．」

at kigge for dybt i **glasset**

[グラスの中の深すぎるところを眺める]

〈冗〉飲み過ぎる

Han havde kigget lidt for dybt i glasset dagen før.
彼は前日少し飲み過ぎた.

at **glide** (bort) fra hinanden

[お互いから滑る(/滑って離れる)]

お互いに愛情が薄れていく，気が合わなくなる

De første år, de var gift, var de lykkelige, men med tiden gled de fra hinanden.
彼らが結婚した最初の数年は幸せだったが，時とともに愛情が薄れていった.

at pudse **glorien**

*[栄光を磨く]

〈俗〉満悦する，ひとり悦に入る

Ministeren sidder og pudser glorien oven på forhandlingerne.
その大臣は，交渉の後，ひとり悦に入っている.

at holde sig for **god** til noget

[ナニカに対して良すぎる状態に自らを保つ]

(高潔で) …するようなことはしない；…を恥に思う

Direktøren var ikke særlig populær; han holdt sig for god til at drikke en øl med sine medarbejdere.
社長はあまり人気がなかった．彼は社員と飲みに行くようなことはしなかったからだ.

at sige **god** for nogen/ noget

[ヒト/ナニカに対して良いと言う]

…を請け負う，…を保証する

Alle eksperter havde sagt god for sikkerheden på a-værket.

専門家はみな，原子力発電所の安全性を保証した．

noget er for meget af det **gode**

[ナニカは良いもののうちのたくさんすぎる]

ひどすぎる，度を超している

Men på den anden side kan alting blive for meget af det gode.

しかし一方では全てが度を超すこともあり得る．

der er **gods** i nogen/ noget

[ヒト/ナニカに貨物･財産･地所がある]

質が良い

»Var det en god debat?«
»Ja, især miljøministerens indlæg var der gods i.«

「それはよい討論でしたか？」
「ええ，特に環境大臣の報告は内容のあるものでした．」

at forstå/tage noget med et **gran** (af) salt

[少量の塩をもってナニカを理解する/取る]

…を割り引いて聞く，文字通りには受け取らない

Det, jeg siger nu, skal tages med et gran salt.

私が今から言うことは割り引いて聞きなさい．

at være tavs som **graven**

[墓のように黙っている]

完全に沈黙している

Udenrigsministeren har været tavs som graven om dødsstraf.

外務大臣は死刑に関して沈黙を守ってきた．

at gøre et (godt) **greb** i lommen

[ポケットの中で(良い)ひとつかみをする]

たくさんのお金を使う

»Det blev en dyr ferie!«
»Ja, jeg fik gjort et godt greb i lommen.«
「高くついた休みだったわ.」
「そうだね，出費がかさんだよ.」

det er kun et **greb** i lommen

[それはポケットの中のひとつかみにすぎない]

〈日〉(お金持ちに関して)大した出費ではない

»Sikke en flot middag han gav i går! Den må have kostet dyrt.«
»Ja, men for ham er det jo kun et greb i lommen.«
「昨日彼のところでいただいたディナーはなんて豪華だったんでしょう！きっと高くついたんでしょうね.」
「ええ．でも彼には大した出費じゃないでしょう.」

at komme/være på den grønne **gren**

[緑の枝の上に来る/いる]

〈日〉裕福に暮らす

Min nabo har vundet i lotto, så han er rigtig kommet på den grønne gren.
私の隣人は宝くじが当たったので，ずいぶんと裕福に暮らしている.

at save den **gren** af/over man selv sidder på

[自分が座っている枝を切る]

自分にとって損になることをする

Købmanden vidste, at hvis han tog for meget for sine varer, ville han save den gren over, han selv sad på.
その食糧雑貨商は，商品の値段を高くしすぎたら自分の損になることがわかっていた.

at få af grovfilen

[荒目やすりの一部を得る]→[荒目やすりをかけられる]

怒鳴りつけられる，しかりつけられる；ひどい仕打ちを受ける

Han kan godt give folk af grovfilen.
彼は人々を怒鳴りつけることができる．

at få/have fast grund under fødderne

[足の下にしっかりとした地面を持つ/持っている]→[(船などから)大地に降り立つ/立っている]

基礎を固める/固めている；(経済的に)安定している

Efter krisen har vi nu igen fast grund under fødderne.
その危機のあと，私たちは再び安定している．

på gyngende grund

[揺れ動く地面の上で]

〈日〉不安定な状況で

Når hun stillede ham den slags spørgsmål, var han altid på gyngende grund.
彼女がそういった質問を彼に浴びせると，彼はいつも不確かだった．

at gå til grunde

[地面まで行く]

破滅する；紛失する

Sagen blev aldrig opklaret, fordi bevismaterialet var gået til grunde.
その件は決して解決されたなかった．というのも証拠品が紛失したからである．

grus i maskinen/maskineriet

[機械の中の砂利]

〈日〉問題を起こすもの

Hans meninger har ofte kastet grus i maskineriet.
彼の意見はしばしば問題を引き起こしてきた．

at holde **gryden** i kog

[鍋を煮続ける]

〈日〉今やっていることを維持·継続·続行させる

Hvis vi skal holde gryden i kog, må projektet have flere penge.

もし私たちが続行させるならば，このプロジェクトにはもっとお金が必要だ.

at søge andre/nye **græsgange**

[他の/新しい牧草地を求める]

新しいものを試す

Uroen har fået de bedste medarbejdere til at søge nye græsgange.

その混乱は優秀な職員に新しい仕事を探させた.

at bide i **græsset**

[芝を噛む]

〈日〉試合で負ける，敗北を喫する

Det var umuligt at få hende til at bide i græsset.

彼女に敗北を味あわせるのは不可能であった.

at falde/gå i den anden/modsatte **grøft**

[他の/反対の溝に落ちる/行く]

以前に行なったことと違う/正反対の行動をとる

I sin ungdom var han rabiat kommunist, nu er han ærkekonservativ. Det tør nok siges, at han er faldet i den modsatte grøft.

若い頃は彼は断固たる共産主義者であったが，いまや全く保守的になっている．正反対の行動をとったと言えるだろう.

gråt i gråt

[グレーの中のグレー]

どこといって特徴なく，単調な，おもしろみのない；悲観的な

Han malede et billede gråt i gråt.
彼は哀しみにあふれた絵を描いた．

at gå i **gulvet**

[床の中に行く]

〈日〉倒れる，意識を失う

Han blev rasende og slog så hårdt til sin modstander, at han gik i gulvet.
彼はひどく頭にきて，マットに沈めるほど対戦相手をとても激しく殴った．

at tabe noget på **gulvet**

[床の上にナニカを落とす]

…の機会·チャンスを台無しにする

»Jeg har fået alle tiders jobtilbud.«
»Nu må du reagere hurtigt, så du ikke taber det på gulvet.«
「素晴らしい仕事の申し出があったんだ．」
「それを台無しにしないよう早くに受けるべきだよ．」

at være helt rundt på **gulvet**

*[完全に床の上で回っている]

〈日〉すっかり困惑している，頭が混乱している

Hun var helt rundt på gulvet, da hun vågnede.
彼女は目を覚ましたとき，すっかり頭が混乱していた．

at feje noget ind under gulvtæppet

[絨毯の下にナニカを掃き込む]

問題を未解決のままにする；…を隠そうとする

I den familie er man ikke bange for at se problemerne i øjnene. Der bliver ikke fejet noget ind under gulvtæppet.

その家庭では問題を直視することを恐れていない．何かを隠そうとはしない．

at gå i gyngen

*[ブランコに入っていく]

〈日〉だまされる，かつがれる

De gik lige i gyngen.

彼らはまんまとだまされた．

at springe over hvor gærdet er lavest

[垣根の最も低いところを飛び越える]

最も簡単な方法を選ぶ

Den dreng er luddoven. Han springer altid over, hvor gærdet er lavest.

その少年はとても怠惰である．彼はいつも最も簡単な方法を選ぶ．

at være gammel i gårde

[農場の中で古い]

ひとつの場所で長いこと働いている·住んでいる；…に精通している

Han er gammel i gårde, når det gælder fagligt arbejde.

彼は専門的仕事に関しては精通している．

ikke et hak 〈日〉全く…ない

[刻み目ひとつ…ない]

Man stoler ikke et hak på den israelske retsstat.
イスラエルの法治国家は全く信用されていない.

noget falder/går i hak 〈日〉…がうまくいく，解決する

[ナニカが刻み目にはまる]

Forhandlingerne var meget vanskelige, men nu er det hele faldet i hak.
交渉は大変困難であったが，今やすべてがうまくいった.

at falde på halen for/over nogen/noget …を無批判に賞賛する；…に無批判に感心する

*[ヒト/ナニカに関してしっぽの上に落ちる]

Han er fuldstændig faldet på halen for hende.
彼は彼女をまったく無批判に称賛する.

at stikke halen mellem benene (特に犬に関して) しっぽを巻く，しっぽを巻いて逃げる

[しっぽを脚の間に入れる]

Han stak halen mellem benene og løb sin vej.
彼はしっぽを巻いて逃げ出した.

at få noget i den gale hals …を誤解する

[ナニカを間違った喉の中に得る]

Han har nok fået prædikenen i den gale hals.
彼は多分その説教を誤解しただろう.

at gå på med krum **hals**

[曲がった首でとりかかる·前進する]

(困難なことに)がむしゃらに突進する//身を入れる//努力する

Vi kan blive færdige til i aften, hvis vi bare går på med krum hals.

私たちは根気よく努力しさえすれば, 今夜までに終えることができる.

en hård **hals**

[固い首]

手強い奴

Det viste sig, at han var en hård hals.

彼が手強い奴だということが分かった.

over **hals** og hoved

*[首と頭を越えて]

あわてふためいて

Da generalen kom til magten, måtte de flygte over hals og hoved.

その将軍が権力の座に就いたとき, 彼らはあわてふためいて逃げねばならなかった.

at brække/knække **halsen** på noget

[ナニカの首を折る]

…をやりおおせることができない;…で破滅する, ひどい目にあう

Jeg er bange for, at hun brækker halsen på det projekt.

彼女がそのプロジェクトでひどい目にあうのではないかと心配です.

at få noget galt i **halsen**

[ナニカが誤ってのどに入る;ナニカをのどにつまらせる]

…を誤解する

Jeg må have fået din forklaring galt i halsen.

私はあなたの説明を誤解していたに違いありません.

nogen/noget hænger nogen langt ud af **halsen**

*[ヒト/ナニカがヒトののどから長く垂れている]

〈日〉…には…がうんざりしている

Hele sagen hænger mig efterhånden langt ud af halsen.

その件すべてに私はだんだんうんざりして(きて)いる.

at mødes på **halvvejen**

[道の途中で会う]

妥協する，歩み寄る

Han ville have 100 kr. for bogen, men jeg ville kun give 70. Så vi mødtes på halvvejen og blev enige om 85 kr.

彼はその本に100クローネほしいと言い，私は70クローネしか払いたくないと言った．それで私たちは妥協して85クローネで合意した.

at trække på samme **hammel**

[同じ馬具を引っ張る]

何かを達成するのに助け合う

Overgangen til demokrati har betydet, at politikere og befolkning nu trækker på samme hammel.

民主主義への移行は，政治家と国民が今や手を取り合っていくことを意味した.

at kaste **handsken** til nogen

[(片方の)手袋をヒトに投げる]

〈改〉…に闘いをいどむ，挑戦する

»Han påstår, han kan klare dig i tennis.«
»Lad os nu se, jeg har i hvert fald kastet handsken til ham.«

「彼は君にテニスで勝てると言っているよ.」
「さあどうかな．いずれにしても僕は彼に闘いをいどんだから.」

at tage handsken op 〈改〉挑戦を受けて立つ

[(片方の)手袋を拾い上げる]

»Tør du godt stille op mod ham i skak?«
»Ja, jeg tager gerne handsken op.«
「チェスで彼と対戦する勇気があるかね.」
「ああ，喜んで挑戦を受けて立とう.」

ene **hane** i kurven ある集団の中で唯一の男性

[かごの中で唯一のおんどり]

Han var ene hane i kurven i sin klasse.
彼はクラスでただ一人の男性であった.

at bringe nogen i **harnisk** 〈古〉…を怒らせる，激昂させる

[ヒトを鎧(よろい)の中に入れる]

Tv-avisens behandling af sagen bragte ministeren i harnisk.
その件に関する(デンマーク·ラジオ局の)テレビニュースの扱いには大臣は激昂した.

at slå nogen/noget i **hartkorn** med nogen/noget (差異を無視して)一緒に扱う，ひとまとめにする，誰·何もかも一律に扱う，十把一からげに扱う

*[ヒト/ナニカでヒト/ナニカをハートコーン{〈古〉デンマークの農地測量の単位}の中に打つ]

Du kan ikke slå Venstre i hartkorn med Det Konservative Folkeparti.
自由党と保守国民党を一緒にする·考えることはできません.

at hænge sin **hat** på noget

[自分の帽子をナニカに掛ける]

批判·非難の口実を見つける

Han udtalte sig med forsigtighed til pressen, for at de ikke skulle få noget at hænge deres hat på.

彼は，報道機関が批判する口実を見出さないように，報道機関に用心しながら発言した.

at sætte sin **hat** som man vil

[自分の帽子を自分がしたいように置く]

自分のしたいようにする·振舞う，やりたいようにやる

Han har altid været en stædig krabat, der sætter sin hat, som han vil.

彼はいつも頑固なやつで，自分のやりたいようにやってきた.

at være på **hat** med nogen

*[ヒトと帽子の上にいる]

…をうわべだけ知っている，会えば挨拶をする程度の仲である

Jeg er kun på hat med ham.

私は彼とは会えば挨拶をする程度の仲です.

at stå med **hatten** i hånden

[帽子を手にして立っている]

腰を低くしている；従順である

Efter lønforhandlingerne blev fagforeningen beskyldt for at have stået med hatten i hånden over for arbejdsgiverne.

賃金交渉の後，労働組合は雇用者サイドに対して腰を低くしていたと非難をあびた.

at tage **hatten** af for nogen/noget

[ヒト/ナニカに対して帽子をぬぐ]

…を尊敬する；…に脱帽する

Han er ikke bange for at indrømme det, når han har gjort noget forkert. Det tager jeg hatten af for.

彼は過ちを犯したときにはそれを認めることを恐れない．それには脱帽します．

at være høj i **hatten**

*[帽子の中で高い]

〈日〉うぬぼれている，高慢ちきである

»Selv om du fik 13 til din sidste prøve, behøver du ikke være så høj i hatten,« sagde hun.

「最後のテストで(最高点の)13点だったからといって，そんなにうぬぼれなくてもいいでしょう.」と彼女は言った.

at få på **hattepulden**

*[帽子のてっぺん·山に得る]

〈日〉しかられる

»Har du set, hvad klokken er? Nu kommer jeg for sent hjem!«
»Så får du nok på hattepulden!«

「時間見た？もう家に帰るのが遅くなりすぎるよ.」
「それじゃ，しかられるだろうね.」

at komme/nå i **havn**

[港に入る/たどり着く；入港する]

目標に到達する

»Hvordan gik det med din søsters eksamen?«
»Fint. Hun er kommet i havn.«

「妹さんの試験はどうでしたか.」
「上々です．彼女は目標に達しました.」

at gøre nogen helvede **hedt**

[ヒトにとって地獄の暑さにする]

〈日〉…にとっていたたまれなくする；…をとても困らせる；…の人生を苦しいものにする

»Peter drikker efterhånden voldsomt.«
»Ja, han gør helvede hedt for sin familie.«

「ピータはだんだん飲む量が増えている.」
「そうです. 彼は家族をとても困らせています.」

at løbe fra **Herodes** til Pilatus

[ヘロデ王からピラトゥスまで走る]

あちこち無駄に走り回る，たらい回しにされる

I dag skal kunstnerne løbe fra Herodes til Pilatus for at få støtte.

今日，芸術家は支援を得るためにあちこちに走り回らなくてはならない.

at være på **Herrens** mark

[主の畑にいる]

何をすべきか分からない

Statsministeren var helt klar over, at han var på Herrens mark, hvis han mistede støtten fra det lille parti.

首相はその小さな政党からの支持を失えば，どうしたら良いのか分からなくなることを十分わきまえていた.

at arbejde/slide... som en **hest**

[馬のように働く]

一生懸命に働く

Hver sommer arbejder drengen som en hest hos sin farfar.

毎夏，その少年はおじいさんのところで一生懸命に働く.

at holde på den forkerte/gale **hest**

[間違った馬に賭ける]

敗者に賭ける；ことの認識･選択･判断･評価を誤る

Han er en opportunist, der altid holder på den forkerte hest.

彼はいつも選択を誤る日和見主義者である.

at lyve så stærkt, som en **hest** kan rende

[馬が走ることができるほど力強く嘘をつく]

〈日〉多くの嘘を言う

Du skal ikke tro på ham, han lyver så stærkt som en hest kan rende.

彼を信じてはいけません．彼は嘘ばかり言っているのだから．

at sætte sig på den høje **hest**

[背の高い馬にまたがる]

威張りくさる，思い上がる

Ministeren var upopulær, fordi han havde det med at sætte sig på den høje hest over for sine underordnede.

その大臣は部下に対して威張りくさるくせがあるので評判が良くなかった．

at holde på to/flere **heste**

[2頭/複数の馬に賭ける]

同時に２つ/複数の可能性に賭ける

Han ville helst have et job i København, men søgte også i provinsen. Han turde ikke andet end at holde på flere heste.

彼はできればコペンハーゲンで職に就きたいと思っているが，地方でも仕事を探した．彼は複数の可能性に賭けないでおく勇気がなかったのだ．

at skifte heste i vadestedet

[渡瀬（わたりぜ）の中で馬を換える]

（計画など）やり始めたことを途中で変える

På finansloven var der budgetteret med store besparelser i den offentlige sektor, men allerede efter kort tid skiftede regeringen heste midt i vadestedet, så besparelserne blev ikke gennemført.

予算案では公的部門の大規模な削減が謳われたが，その後すぐに政府は途中で方針を変更したので，削減は遂行されなかった．

at sætte himmel og jord i bevægelse

[天と大地を動かす]

全力を尽くす；あらゆる手段を試みる

Hun satte himmel og jord i bevægelse for at finde sin pung.

彼女は財布を見つけるために全力を尽くした．

i den syvende himmel

[第７番目の天国に]

無常の幸福のうちに；有頂天で

Hun var nyforelsket og i den syvende himmel.

彼女は恋をしたばかりで，とても幸せだった．

at gå (lige) hjem

[（まっすぐに）家に帰る]

〈日〉受け入れられる；成功する

Revyen gik lige hjem.

レビューは成功した．

at gå **hjem** og lægge sig

[家に帰って横になる]

〈日〉努力をおしむ；あきらめる，やめにする

Du er for dum, gå hjem og læg dig!
君は馬鹿じゃないの，やめにしなさい！

at være på **hjemmebane**

[ホームグランドにいる]

勝手を知った場所//得意の分野//自分の土俵にいる

Når de diskuterede computere, var han på hjemmebane.
彼らがコンピュータのことを議論するときには，彼は自分の土俵にいた．

at lægge **hjernen**/hovedet i blød

*[頭/脳を水·液体につける]

考え抜く；知恵をしぼる

Han lagde hovedet i blød for at finde svaret.
彼はその答えを見つけるために知恵をしぼった．

at vride **hjernen**//sin hjerne

*[脳をしぼる]

〈日〉よく考える，懸命に知恵をしぼる

Hun måtte vride hjernen for at finde på noget at skrive til ham.
彼女は彼に書くことを見つけるのに懸命に知恵をしぼった．

at have noget på **hjerte**

*[心の上にナニカを持っている]

…を言いたい，話したいことがある，…が気にかかる

Hvis du ikke har mere på hjerte, slutter vi nu.
もしあなたにそれ以上言いたいことがないのならば，これで終わりにします．

at stå nogens **hjerte** nær

*[ヒトの心の近くに立っている]

〈改〉…にとって愛しい//大切である

Musikken har altid stået hans hjerte nær.

音楽は彼にとってこれまでいつも大切だった.

at sætte/tænde nogens **hjerte** i brand

*[ヒトの心を火事にする]

…に自分に恋をさせる；…の恋心に火をつける

Der var kommet en ny pige i klassen, som havde sat hans hjerte i brand.

クラスに新しい女の子がやってきて，彼の恋心に火をつけた.

at tabe sit **hjerte** til nogen

*[自分の心をヒトに失う]

…に思いを寄せる，恋をする

Han har fuldstændig tabt sit hjerte til hende.

彼は彼女に完全に恋をしている.

at udøse/åbne sit **hjerte** for nogen

[自分の心をヒトにそそぐ/開く]

〈改〉自分の感情を包み隠さず正直に話す；…に胸中を打ち明ける；ある事柄に関する自分の意見を話す

Jeg har ikke trang til at udøse mit hjerte i interviews.

私はインタビューで胸中を打ち明けたいとは思いません.

at være som talt ud af nogens hjerte

[ヒトの心から話して出されたようである]

…の考えて·感じていることと全く同じである，…の気持ちをそっくり代弁するものである

Det er som talt ud af enhver bornholmers hjerte.

それはボーンホルム島民の誰しもの気持ちをそっくり代弁するものである.

ikke kunne bringe noget over sit hjerte

*[ナニカを自分の心(臓)を越えて運ぶことができない]

どうしても…をすることができない

Jeg kan ikke få det over mit hjerte at fortælle hende sandheden.

私はどうしても彼女に真実を伝えることができません.

med blødende hjerte

*[血のしたたる心(臓)で]

胸のはりさける//断腸の思いで

Hun sagde farvel med blødende hjerte.

彼女は胸のはりさける思いで別れを言った.

at blive blød/varm om hjertet

[心(臓)(の周り)がやわらかく/温かくなる]

(感動に)心が和らぐ·温まる

Al opmærksomheden gjorde hende varm om hjertet.

あらゆる心尽しに彼女は心が温まった.

at have hjertet på (det) rette sted

*[心(臓)を正しい場所//所定の場所に持っている]

優しく思いやりがある

Han kunne godt virke lidt barsk i sin fremtræden, men han havde hjertet på rette sted.

彼は振る舞いが少し荒っぽい感じがすることもあったが,(実際は) 優しく思いやりがあった.

at skyde **hjertet** op i livet

*[心(臓)をウエスト·命の中に打ち上げる]

勇気をふるい起こす

Hun skød hjertet op i livet og ringede til lægen for at få resultatet af laboratorieprøverne.

彼女はラボでの検査結果を聞くために勇気をふるい起こして医師に電話した.

at være let/tung om **hjertet**

*[心(臓)(の周り)が軽い/重い]

心が軽い·嬉しい/重い·悲しい

Meddelelsen gjorde ham let om hjertet.

その知らせで彼は心が軽くなった//嬉しくなった.

hjertet sidder i halsen på nogen

[心臓はヒトの喉の中にある]

心臓がどきどきする，不安で息が詰まりそうになる

Hjertet sad mig i halsen, da jeg skulle op til eksamen.

試験を受けるとき，私は心臓がどきどきしていた.

noget går nogen til **hjertet**

[ナニカがヒトの心(臓)へ行く]

…の胸にこたえる，…の心を動かす

Sønnens tale gik moderen lige til hjertet.

息子の話は母親の胸にじんときた.

noget kommer (lige) fra **hjertet**

*[ナニカが心から(まっすぐ)やって来る]

…が誠実に·真剣に·心から意図されている.

Det var tydeligt, at hans ros kom lige fra hjertet.

彼の賞賛が心からのものだったのは明らかであった.

noget skærer nogen i **hjertet** [ナニカがヒトの心(臓)を切る]	…の感情を深く傷つける，…を悲嘆にくれさせる Hendes ord skar ham i hjertet. 彼女の言葉は彼を傷つけた.
at være femte **hjul** til vognen [馬車の五番目の車輪である]	不必要である，無用の長物である；ありがた迷惑な同席者である Jeg bliver hjemme, jeg vil ikke være femte hjul til vognen. 私は家に残ります．邪魔物になりたくないから.
at løbe om **hjørner** med nogen [ヒトと一緒に角を走って回る]	だます，かつぐ Han er nem at løbe om hjørner med. 彼は簡単にだませる.
noget er lige om **hjørnet** [ナニカがちょうど角を曲がったところにある]	…が間近に迫っている，間もなく起こる Det næste valg er lige om hjørnet. 次の選挙は間近に迫っている.
at holde **hof** *[宮廷を開く･保つ]	〈ア〉ファン･取り巻きに囲まれ(て話をす)る Han var en mand, der hurtigt skabte sig venner, og han nød at holde hof for dem. 彼はすぐに友だちができる男で，彼らに囲まれて話をするのを楽しんでいた.

at få/have et **horn** i siden på nogen *[ヒトの横(腹)に角(つの)を得る/持っている]	…に腹を立てる / 立てている Søren har et horn i siden på Ulla, fordi hun lavede en bule i hans bil. セーアンはウラが彼の車にへこみを作ったので，彼女に腹を立てていた．
at sætte nogen **horn** i panden [ヒトの額に角(つの)をつける]	〈古〉…の妻と浮気をする；妻がほかの男と浮気する Han satte et horn i panden på sin nabo. 彼は隣人の妻と浮気をした．
at løbe **hornene** af sig *[走って自分から両方の角(つの)がぬける]	（若気の至りから）存分に遊ぶ；したい放題の生活をする；（経験などを積んで）かどがとれる，分別がつく Alle har brug for at løbe hornene af sig, før de slår sig til ro. 誰しも落ち着く前に十分に遊んでおく必要がある．
at gøre sine **hoser** grønne [自分の靴下{昔の衣服}を緑色にする]	…に巧みに取り入る/取り入ろうとする Han gjorde sine hoser grønne hos prinsessen. 彼は王女に巧みに取り入った．
at hælde sit **hoved** til nogen/noget [ヒト/ナニカに自分の頭をもたせかける]	…に頼る・すがる Hun havde heldigvis haft gode venner at hælde sit hoved til i den vanskelige situation. 彼女にはその困難な状況で幸運にも頼れる親友たちがいた．

hverken **hoved** eller hale på noget

[ナニカには頭も尾もない]

〈日〉筋が通っていない，何が何だかわからない

Hun kunne hverken finde hoved eller hale på historien.

彼女にはその話の筋がさっぱり分からなかった.

at stikke **hovederne** sammen

[頭を突き合わせる]

額を集めて(秘密裏に)相談する；集まって計画を立てる

Vennerne stak hovederne sammen en gang om måneden.

友人たちは月に一度集まって相談した.

at bide **hovedet** af al skam

[あらゆる恥から頭を噛む]

羞恥心をすべてかなぐりすてる；恥を忍ぶ

De måtte bide hovedet af al skam og bede forældrene om hjælp.

彼らは恥を忍んで両親に援助を乞わねばならなかった.

at fordreje **hovedet** på nogen

[ヒトの頭をねじる]

…を自分に夢中にさせる

Han har en særlig evne til at fordreje hovedet på kvinder.

彼は女性を自分に夢中にさせる特別な才能を持っている.

at hænge med **hovedet**/næbbet

*[頭/くちばしと共にぶら下がっている]→[頭/くちばしを垂れている]

うなだれている，しょげている

Hvorfor går du og hænger med hovedet?

どうしてしょげているのですか.

at lægge **hovedet** på blokken

[断頭台の上に頭を置く]

〈日〉保証する，請け負う

Jeg tør lægge hovedet på blokken på, at det passer.
それが正しいことを保証してもいいですよ.

at ramme/slå/træffe **hovedet** på sømmet

[釘の頭に当てる/を打つ/に命中させる]

うまく言い当てる，図星を指す，命中させる

Den bemærkning ramte hovedet på sømmet.
そのコメントは図星であった.

at slå noget ud af **hovedet**

*[ナニカをたたいて頭から出す]

…を頭から忘れる；(企画などを)断念する

Den idé kan du godt slå af hovedet.
その考えは忘れ去ってよろしい.

at stikke **hovedet** i busken

[頭を茂みに突っ込む]

現実を回避する；知らぬふりをする

Problemerne bliver ikke løst af, at man stikker hovedet i busken.
それらの問題は現実を回避することでは解決されない.

at stille noget på **hovedet**

[ナニカを頭の上に置く]→[何かを上下逆さまに置く]

…の間違った印象を与える

Journalisten stillede sagen på hovedet.
そのジャーナリストはその件を歪曲させた.

at stå på **hovedet** for nogen

[ヒトのために頭で逆立ちをする]

…のために全力を傾ける//何でもする

Han stod på hovedet for sin kone.
彼は妻のために何でもした.

at sætte sig noget i **hovedet**

*[(自分のために)ナニカを頭の中に置く]

…を実行しようと固く決心している

Han har sat sig i hovedet, at han vil være skuespiller.
彼は俳優になりたいと固く決心している.

at tabe **hovedet**

[頭を失う]

気が動転する，すっかり取り乱す

Han tabte hovedet til køreprøven.
彼は運転免許試験で気が動転した.

at vokse nogen over **hovedet**

[ヒトの頭を越えて成長する]

…の手に負えなくなる

De besluttede selv at bygge deres hus, men arbejdet voksede dem efterhånden over hovedet.
彼らは自分たちで家を建てる決心をしたが，その作業は次第に彼らの手に負えなくなった.

at være kort for **hovedet**

*[頭が短い]

そっけない，無愛想である

Hun var en smule kort for hovedet, da jeg ringede.
彼女は私が電話をしたとき少しそっけなかった.

lige holde **hovedet** over vandskorpen//oven vande [水(面)の上にかろうじて頭を保つ]	(特に経済的な面で) かろうじて·ぎりぎりやっていく »Det er ikke nogen fyrstelig gage, han får.« »Nej, han kan kun lige holde hovedet over vandskorpen.« 「彼はべつに賃金をたっぷりともらっているわけではありません.」 「そうですね. 彼はぎりぎりやっていけるだけですものね.」
noget går/stiger nogen til **hovedet** [ナニカがヒトの頭まで上がる/のぼる]	…のせいですっかり天狗になる；酒に酔う Hans succes som musiker var heldigvis ikke steget ham til hovedet. 彼は音楽家として成功したが, 幸い天狗にはならなかった.
med **hud** og hår [皮と毛のついた]	すっかり, まるごと Han var københavner med hud og hår. 彼は生粋のコペンハーゲン人だ.
at skælde nogen **huden** fuld *[ヒトを叱って肌をいっぱいにする]	…を強く叱責する Han skældte hende huden fuld, fordi hun kom for sent. 彼は彼女が遅れてきたことでひどく叱責した.

hverken være til at **hugge** eller stikke i
頑固で手に負えない

[切ることも突き刺すこともできない]

Hun forsøgte at få ham til at sige det, men han var hverken til at hugge eller stikke i.
彼女は彼にそれを言わせようとしたが, 彼は頑固で手に負えなかった.

at få/tage **hul** på bylden
やっかいなことを始める

[おできに穴を開ける]

Vi havde drukket tre kopper kaffe hver, inden vi tog hul på bylden.
私たちは始める前に, 各々3杯のコーヒーを飲んだ.

at tage **hul** på noget
…を開ける；…にとりかかる

*[ナニカの上に穴を取る]

De tog hul på en ny runde i forhandlingerne.
彼らは交渉の新ラウンドに入った.

det er **hul** i hovedet
〈日〉それはまったく馬鹿げている；頭がおかしい

[それは頭の中の穴である]

»Gav han virkelig 5000 kr. for det gamle kamera?«
»Ja, det er hul i hovedet.«
「彼は本当にその古いカメラに5000クローネ出したのですか.」
「そうです. まったく馬鹿げたことです.」

at leve som hund og kat
一緒に住んでいてたえず仲が悪い

[犬と猫のように暮らす]

Deres ægteskab har holdt i mange år, skønt de lever som hund og kat.
彼らはいつも仲が悪いにもかかわらず，彼らの結婚は長年の間持っている．

at være en hund efter noget
〈日〉…が大好きである，…に目がない，夢中である

*[ナニカを求める犬である]

Hun har altid været en hund efter søde sager.
彼女はいつも甘いものに目がなかった．

en hård hund
〈日〉情けに動かされない奴

[固い犬] *[情けに動かされない//非情な犬]

De ansatte var lidt betænkelige ved deres nye chef, fordi de havde hørt, at han var en hård hund.
従業員たちは新しいボスのことで少し心配していた．なぜならば，彼が非情な奴だと聞いていたからであった．

en vittig hund
〈日〉おもしろい奴

*[機知に富んだ//おもしろい犬]

Blandt vennerne var han kendt som en vittig hund.
友だちの間では彼はおもしろい奴として知られている．

som en hund i et spil kegler
はた迷惑な；場違いで

[(例えばボーリングのような)ピンを使ったゲームの中にいる犬のように]

Ved festen var han som en hund i et spil kegler.
パーティーでは彼は場違いであった．

at skue **hunden** på hårene

[犬を毛(並み)で見る]

外見で判断する

»Det overrasker mig meget, at Petersen har taget af kassen. Han ligner da ikke nogen forbryder.« »Næ, men det viser bare, at man ikke skal skue hunden på hårene.«

「ピータセンがお金を横領したなんて驚いています．犯罪を犯すような人には見えないですよね．」

「そうですね，でも外見で判断してはいけないということの良い例ですかね．」

dér ligger **hunden** begravet!

[そこにその犬は埋められて横たわっている]

そこに問題はある

De nye tal fra Det økonomiske Råd viser, at opsparingen er for lille. Dér ligger hunden begravet, mener mange økonomer.

経済委員会からの新しい数値は貯蓄が少なすぎることを示している．そこに問題はあると多くの経済学者が言っている．

at gå i **hundene**

*[犬たちの中に行く]

〈日〉社会的に駄目になる

Han gik i hundene, da han blev alene.

彼は一人ぼっちになってしまったときに駄目になった．

at holde et farligt **hus**	大騒ぎをする
[危険な家を抱える]	Køerne nåede at mærke forårsluften og det friske græs, så nu holder de et farligt hus inde i stalden. 牛たちは春の空気と新鮮な草を感じることができ，それで今，厩舎で大騒ぎをしている.
at holde **hus** med noget	…を倹約·節約する；…を無駄のないように(控え目に)使う
[ナニカで家を保つ；ナニカで家政をとる//家の経済をきりもりする]	Han er ikke god til at holde hus med pengene. 彼はお金を倹約するのが得意ではない.
at melde **hus** forbi	見当違いだ//御門違いだと告げる；非難を否定·否認する
*[家を通り過ぎたことを告げる]	Jeg må melde hus forbi mht både den ene og den anden anklage. 私は一方ともう一方の非難の両方ともを否定しなければなりません.
at komme/være på sin rette/forkerte **hylde**	自分にぴったりの // 自分には合わない職(業)に就く/就いている
*[自分の正しい/誤った棚の上に来る/いる]	Som musiker er han kommet på sin rette hylde. 音楽家として彼は自分にぴったりの職に就いた.

at lægge noget på **hylden**

[ナニカを棚の上に置く]

…を棚上げする，お流れにする，途中で放棄する·やめる

Efter lægens råd lagde han tobakken på hylden.

医師の忠告に従って彼はタバコをやめた．

at komme til **hægterne** (igen)

*[(再び)留め金に来る]

回復する，(病気の後に)快復する

Det varede længe, før han kom til hægterne oven på den operation.

彼があの手術の後快復するまでに長い時間がかかった．

at hugge en **hæl** og klippe en tå

[かかとを切り落とし，つま先をはさみで切る]

自分の利害に合うように…を荒っぽく合わせる；目的のためには少しは譲歩する

Da redaktøren påpegede, at artiklen kunne fornærme en af avisens største kunder, måtte journalisten hugge en hæl og klippe en tå.

その記事は新聞最大の顧客の一人の感情を害する恐れがあることを編集長が指摘したので，その記者はすこし譲歩した．

at blive/være bundet på **hænder** og fødder

[手と足を縛られる/ている]

手も足も出ない，自由な行動ができない，無力である

Efter at have købt hus var de økonomisk bundet på hænder og fødder.

家を購入した後，彼らは経済的に自由がきかなかった．

at få/have frie hænder

[自由な·自由に使える手を得る/持っている]

自由裁量(権)を得る/持っている；自由に行動できる

Bestyrelsen havde givet ham frie hænder til at løse opgaven.

理事会はその課題を解決する自由裁量(権)を彼に与えた.

at have begge hænder// hænderne fulde

[両手がいっぱいである//ふさがっている]

非常に忙しい；やることがたくさんある

Alene med fire børn har hun hænderne fulde.

４人の子どもを一人で見ていて彼女は大変忙しい.

at sætte sig//stritte imod noget med hænder og fødder

[手と足でナニカに反抗·抵抗する]

…に必死に·激しく反抗·抵抗する

Hun satte sig med hænder og fødder imod hans idé om at flytte til udlandet.

彼女は，外国に引っ越すという彼の考えに激しく抵抗した.

at vaske sine hænder

[自分の手を洗う]

関係を断つ；手を引く；足を洗う

Jeg vasker mine hænder i den sag.

私はその件から手を引く.

at bære nogen på hænderne

[ヒトを手に乗せて運ぶ]

…を(愛情を込めて)大事にする/甘やかす；…のために何でもする

Hun er uselvstændig, for hendes mand bærer hende på hænderne.

彼女は自立していません，というのは彼女の夫が彼女を甘やかすからです.

at falde i **hænderne** på nogen [ヒトの手の中に落ちる]	…の手に落ちる；…のものになる Papirerne faldt uheldigvis i hænderne på uvedkommende. それらの書類は不運にも第三者の手に渡った.
at sidde med **hænderne** i skødet [ひざに手を置いて座っている]	手をつかねて何もしない Han er ikke typen, der bare sidder med hænderne i skødet. 彼はただ手をつかねて何もしないでいるタイプではない.
at **hænge** nogen op på noget [ヒトをナニカの上にぶら下げる]	…に…の責めを負わせる；…を…のせいにする Det var uretfærdigt, at de hængte ham op på ulykken. 彼らが事故を彼のせいにしたのは不公平だ.
at **hænge** på den [それにぶら下がっている]	窮地に陥っている »Han har vist lovet mere, end han kan holde.« »Ja, nu hænger han på den!« 「彼はできる以上のことを約束したようだ.」 「そうですね. 今彼は窮地に立っています.」

H

at **hænge** sig i noget

[ナニカにぶら下がる]

…にこだわる；…を心配しすぎる；…のことで騒ぎ立てる

Han hænger sig alt for meget i formerne.

彼は形式にこだわりすぎる.

at være **hængt** op

[ぶら下げられている]

忙しい

Chefen er bortrejst, og sekretæren er stærkt hængt op.

ボスは出張中で，秘書は極めて多忙である.

at tage **højde** for noget

*[ナニカの高さをとる//高さを測る]

…を考慮に入れる，斟酌する

De havde ikke taget højde for stigningen i oliepriserne.

彼らは石油価格の上昇を考慮に入れていなかった.

at være på **højde** med nogen/noget

[ヒト/ナニカと同じ高さにいる]

…と同じレベルにいる；…に遅れないでいる，…を掌握している·通じている

Hun var helt på højde med situationen.

彼女はその状況を完全に掌握していた.

at sætte noget i **højsædet**

[ナニカを上席に置く]

…を優先する；…を重要視する

Generalen satte sikkerheden i højsædet.

将軍は安全を優先した.

at leve **højt** på noget

*[ナニカの上で高く生きる]

…から利益を引き出す；…を利用する；…からいい目を見る

Deres tredje CD var en bragende succes, som de levede højt på længe.

彼らの三作目のCDは大成功で，そのおかげで彼らは長い間いい目を見た．

at love noget **højt** og helligt

[ナニカを高くそして神聖に約束する]

…を固く約束する

Jeg sagde, hun ikke måtte sige det til nogen. Det lovede hun højt og helligt.

私は，彼女はそれを誰にも言ってはいけないと言いました．それを彼女は固く約束しました．

at være **højt** oppe

[高く上(空)にいる·ある]

〈日〉有頂天になっている；上機嫌である；はしゃいでいる

Da hun ringede til mig i går, var hun højt oppe, for hun havde lige vundet en ferierejse.

彼女が昨日私に電話をくれたとき，彼女は上機嫌だった．というのは，ちょうど休暇旅行が当たったところだったからである．

at have en **høne** at plukke med nogen

[ヒトとともに羽根をむしるべき雌鶏を持っている]

…と話をつけなければならない

Jeg har en høne at plukke med Peter, for han har glemt at give mig de 200 kr., han lånte.

私はピータと話をつけなければなりません．というのは，彼が借りた200クローネを私に返すのを忘れているからです．

at vande **høns**

[鶏に水をやる]

〈日・冗〉（ワアワア）泣く

Vander du nu høns igen?
また泣いているのですか.

at have en heldig/lykkelig **hånd** (med noget)

*[（ナニカで）幸せな/幸運な手を持っている]

…に際して運が良い

Han har haft en meget heldig hånd, da han valgte sin efterfølger.
彼は後任者を選んだとき運が良かった.

at have/holde nogen i sin hule **hånd**

[ヒトをくぼみをつくった自分の手の中に持っている/つかんでいる]

…の注目をあびている；…の心を奪う；…を掌握している

Sangerinden havde publikum i sin hule hånd.
その女性歌手は観客の心を奪っていた.

at lægge **hånd** på nogen

[ヒトの上に手を置く・のせる]

〈改〉…をたたく；…に暴力をふるう

Det er et fast princip i den familie, at der aldrig bliver lagt hånd på børnene.
子どもに決して手を上げないということがその家族の不動の方針である.

at lægge sidste **hånd** på noget

*[ナニカに最後の手を置く]

…に最後の手を加える；…を仕上げる

De lagde sidste hånd på planen i går.
彼らは昨日その計画の仕上げをした.

at lægge sin klamme hånd på noget

[自分のじとじとする手をナニカの上に置く・のせる]

〈日〉横取りする；差し押さえる，押収する

Det er lykkedes for en af hans kolleger at lægge sin klamme hånd på hans projekt.

彼の同僚の一人がまんまと彼のプロジェクトを横取りした．

at passe som **hånd** i handske

[手袋の中の手のように合う]

完全に合う

Fingeraftrykkene passede som hånd i handske.

それらの指紋は完全に一致した．

at spise/æde af nogens **hånd**//af hånden

[(ヒトの)手から食べる]

〈日〉…の言いなりになる

Efter vores første diskussion spiste han af hånden.

私たちの最初の討論の後，彼は言いなりになった．

at tage **hånd** om nogen/noget

*[ヒト/ナニカの周りに手をとる]

…の面倒をみる，世話をする

Mens hun var på hospitalet, tog hendes mor hånd om børnene.

彼女が入院している間，彼女の母親が子供たちの面倒をみた．

at tage/få/have **hånd** i hanke med nogen/noget

*[ヒト/ナニカを持って，取っ手に手をとる/入れる/入れている]

…を掌握している，制御できる，…に対して押さえがきく

Hun har hånd i hanke med husførelsen.

彼女は家計を掌握している．

at være nogens højre hånd
…の(最も頼りとする)右腕である

*[ヒトの右手である]

Han var ministerens højre hånd.
彼は大臣の右腕だった.

at gå nogen til hånde
…を手伝う·援助する

*[ヒトの手に行く]

Jeg vil gerne gå dig til hånde i køkkenet.
私は喜んで台所であなたのお手伝いをします.

at holde **hånden** over nogen
…を保護する，かばう

[ヒトの上方に手をかざす//置いておく]

Ministeren blev beskyldt for at holde hånden over sin partifælle.
大臣は自分の党のメンバーをかばっていると非難された.

at slå **hånden** af nogen
…と手を切る，関係を断つ，絶交する；…を裏切る

[ヒトから手を振り切る]

Hun slog hånden af sin bedste ven.
彼女は一番の親友と絶交した.

hånden på hjertet!
正直に答えること

[手を心(臓)の上！]

Hånden på hjertet, mener du virkelig, han har fortjent det?
正直に答えてください. あなたは本当に彼がそれに値すると思うのですか.

(at få noget tilbudt) under **hånden**
ひそかに·こっそり(…を手に入れる)

[手の下に(ナニカを提供される)]

Jeg har fået det at vide under hånden.
私はそれをこっそり教えてもらった.

at have **hår** på brystet

[胸に毛を持っている]

〈日〉男らしい，男の中の男である

Endelig sagde han sin mening og viste, at han havde hår på brystet.
ついに，彼は自分の意見を言い，男らしいところを見せた．

at give/sætte nogen grå **hår** i hovedet

[ヒトの頭(髪)中に灰色の髪//白髪を与える/置く]

…を心配させる；…の白髪が増える

Mit nye arbejde giver mig grå hår i hovedet.
新しい仕事のせいで私は白髪が増える．

ikke krumme et **hår** på nogens hoved

[ヒトの頭の髪の毛一本を曲げない]

…に少しも害を与えない

Jeg skal ikke krumme et hår på hans hoved.
私は彼にこれっぽっちも害を与えません．

ikke være et **hår** bedre

[髪の毛一本分良くない]

〈日〉(人よりも)ほんの少しも良くない

Du er ikke et hår bedre end ham.
あなたは彼よりも少しも良くありません．

på et hængende **hår**

[ぶら下がっている１本の髪の毛の上に]

かろうじて，やっと，ようやく

Det var på et hængende hår, vi nåede toget.
かろうじて私たちは電車に間に合った．

at sidde **hårdt** i det

[その中に苦しく座っている]

お金に欠乏して困っている，経済的に窮している

En enlig mor med to børn sidder i reglen hårdt i det.

子どもを二人抱えるシングルマザーはふつう経済的に窮している.

hårene rejser sig på hovedet af nogen

[髪がヒトの頭の上で立つ]

(恐怖で)身の毛がよだつ

Hårene rejste sig på hovedet af mig, da slotsspøgelset kom imod mig.

城の幽霊が私に向かってきたとき，私は身の毛がよだった.

at stå med **håret** ned ad nakken

[髪をうなじ・首筋に垂らして立っている]

〈日・冗〉からかわれ・愚弄されてがっかりしている // がっかりした顔をしている；皆に見捨てられている

Hun stod med håret ned ad nakken, da hun ikke fik en invitation.

彼女は招待を受けなかったので，がっかりした顔をしていた.

at gå gennem ild og vand for nogen

[ヒトのために火と水の中をくぐる]

…のために大きな困難も危険も顧みない，…のために水火も辞さない

Han vil gå gennem ild og vand for hende.

彼は彼女のために水火も辞さない.

at holde nogen til ilden

[ヒトを火にとどめておく]

…の…に対する関心·取り組みを維持する；…を休ませない；…を引きつけて最後まで行動するように仕向ける

»Hvordan går det med din søns klaverspil?«
»Åh, det er svært at holde ham til ilden.«

「あなたの息子さんのピアノ(の練習)の調子はどうですか.」
「そうですね，練習を続けさせるのが難しいです.」

at lege med ilden

[火をいじる·もてあそぶ；火遊びをする]

(軽率に) 危険なことに手を出す；火遊びをする

Hun var bange for at blive forelsket i ham, fordi han var gift. Alligevel sås de meget, og hun var klar over, at hun legede med ilden.

彼女は，彼が結婚しているので，彼を好きになるのを恐れた．それでも二人は何回も会った．そして彼女は火遊びをしていることを自覚していた.

I

at puste til ilden

[火に息を吹きかける]

喧嘩などをあおる；火に油をそそぐ

Forholdet mellem de to partier var meget dårligt, og pressen forstod at puste til ilden.

それら二政党間の関係は非常に悪く，それを報道機関がますますあおった．

at lægge nogen på is

[ヒトを氷の上に横たえる]

…を無視･拒絶･冷遇する；…によそよそしい態度をとる

Pia har lagt Peter på is, fordi han glemte hendes fødselsdag.

ピーアはピータが彼女の誕生日を忘れたので，彼に冷たい態度をとった．

at vove sig ud på tynd is

[（岸から離れた沖の）薄い氷のところまで大胆に出て行く]

危険を冒す，危ない橋を渡る

Da han investerede i den gamle fabrik, vovede han sig ud på tynd is.

彼がその古工場に投資をしたとき，彼は危ない橋を渡った．

at bryde isen

[氷を割る･破る]

堅苦しい雰囲気をほぐす；座を打ち解けさせる；座をなごやかにするために話の口火を切る

De skulle bryde isen, før forhandlingerne kom rigtigt i gang.

交渉が軌道に乗る前に，彼らはまず打ち解けねばならなかった．

at sige ja og amen til noget

[ナニカに対してハイとアーメンと言う]

〈ア〉盲目的に受け入れる·賛成する

Hun siger ja og amen til alt, hvad hendes mand foreslår.

彼女は夫の提案すること全てに賛同する.

at være ude af jaketten

[燕尾服を脱いでいる]

〈日·俗〉絶望している, 絶望的になっている;我を忘れている;自制心をなくしている

Min ven havde lige fået stjålet 3000 kr., så han var helt ude af jaketten.

私の友人は3000クローネを盗まれたばかりで, まったく絶望的になっていた.

at have mange jern i ilden

[火の中に鉄製の道具を多数入れている]

一度にいろいろな(仕)事に手を出している

Han har mange jern i ilden: Ud over sit job er han medlem af tre bestyrelser og to sportsklubber. Og så spiller han bridge.

彼はいろいろな事に手を出している. 自分の仕事以外に彼は三つの理事会と二つのスポーツクラブのメンバーである. そしてさらにブリッジもやる.

at være et jern

[鉄製の道具である]

〈日〉非常に精力的に働く人である

»Det er dog imponerende, så meget han når.«
»Ja, han er et rigtigt jern.«

「彼が時間内にあんなに多くの事をこなせるなんて本当に驚きます.」
「そうですね, 彼はとても精力的ですから.」

(det gælder om) at smede mens **jernet** er varmt

[鉄が熱いうちに打つ(ことが大切である)]

好機を逃さない；鉄は熱いうちに打つ

Drengen: »Far er i godt humør lige nu, så jeg tror, jeg vil spørge, om han giver en biografbillet.«
Moren: »Ja, gør det. Det gælder om at smede, mens jernet er varmt.«

少年：「父さんはちょうど今上機嫌なので，映画館のチケットをくれるか尋ねてみようと思うよ.」
母親：「そうね，やってみたら．鉄は熱いうちに打たなくちゃね.」

at falde i god **jord**

[良い土の中に落ちる]

(思想·提案などが) 積極的に受け入れられる，広く反響を呼ぶ，気に入られる，厚遇される

Hans forslag faldt i god jord hos ledelsen.

彼の提案は経営陣に積極的に受け入れられた.

at have **jord** i hovedet

*[頭の中に土がある//土を持っている]

〈日·俗〉馬鹿·愚かである，頭が空っぽである

»Han forstod ikke den forklaring, jeg gav ham.«
»Nej, men han har også jord i hovedet.«

「彼は私が彼にした説明が分からなかった.」
「そうですか，でも彼は確かに頭が空っぽですからねえ.」

at føle jorden brænde under sig//under fød-derne [地面が自分の下で//足の下で燃えるのを感じる]	身の危険を感じる Han var eftersøgt af politiet nu, så han følte jorden brænde under sig. 彼は今や警察に指名手配されていたので，身の危険を感じていた.
at gå under jorden [地面の下にもぐる]	(警察などの追及を逃れて)身を隠す，姿をくらます，潜伏する，地下にもぐる Under besættelsen måtte mange frihedskæmpere gå under jorden. 占領下には多数のレジスタンスのメンバーが地下にもぐらねば//身を隠さねばならなかった.

at mele sin egen **kage**

[自分自身のケーキに粉をふりかける]

ひとりよがりな行動をとる；(他人の犠牲において）自分の利益だけを確保する

Han havde virkelig ingen bagtanker med det, han sagde, ingen idé om at mele sin egen kage.

彼の言ったことには本当に下心は何もありませんでした．彼は自分だけの利益を追求しようという考えはまったく持っていませんでした．

at få **kam** til sit hår

[自分の髪のために櫛を得る]

好敵手を得る；自分より上手に出会う；がみがみ言ううるさい女房をもらう；やるべきこと·仕事をたくさんかかえこむ

Da han blev gift, fik han sandelig kam til sit hår.

彼は結婚してほんとうにやるべきことがたくさん増えた．

at skære alle over én **kam**

*[皆を一つの櫛の上(方)でカットする]

何もかも/誰もかれも一律に扱う；十把一からげにする

Når han taler om unge mennesker, skærer han alle over en kam.

彼が若い人たちの話をするときは十把一からげにする．

at blive rød i **kammen**

[とさか·首筋が赤くなる]

顔·頭が赤くなる；かっと怒る

Hun ser så sur ud og bliver rød i kammen.

彼女はとても怒っているようで，顔が赤くなる．

en stor kanon

[大きな大砲]

〈日〉大物，有力者；第一人者

»Kender du ikke Niels Nielsen?« »Selvfølgelig gør jeg det, han er jo en stor kanon i dit parti.«

「ニルス·ニルセンを知らないんですか.」

「もちろん知っていますよ．あなたの政党の大物ですからねえ.」

som skudt ud af en kanon

[大砲から撃たれたように]

即座に，たちどころに

Man forlader landet som skudt ud af en kanon.

即座にその国を離れる.

der må være en kant

[端があるにちがいない]

物事には限度がある

Selvfølgelig må der være en kant, og kanten var åbenbart nu nået.

もちろん物事には限度があり，今明らかにそれを超えている.

at tage noget på sin kappe

[ナニカを自分のマントの上に着る//頭巾の上にかぶる]

…の責任を負う；…の代金を払う

Det vil jeg nødig tage på min kappe.

その責任はできれば負いたくはありません.

at bære **kappen** på begge skuldre

[マントを両肩にかつぐ]

〈古·改〉二股をかける；どっちつかずの態度をとる

I konflikten mellem hans to venner var det hidtil lykkedes ham at bære kappen på begge skuldre.

友人二人の間のいざこざで，これまで彼は両方に良い顔をしてきた．

at være vild på **kareten**

[四輪馬車の上で荒い]

〈日〉 完全に誤解している·間違っている，全く見当違いをしている

Faktisk glæder det mig, hvis jeg virkelig har været vild på kareten.

実際，もし私が本当に誤解していたのであれば，嬉しく思う．

at være **karl** for sin hat

*[自分の帽子にとって男である]

〈古·日〉独力で頑張る

Der var en dreng, som tidligt blev karl for sin hat og senere skatteminister.

かつて独力で努力し，のちに税務大臣になった少年がいた．

en heldig **kartoffel**

[幸運なジャガイモ]

幸運な人

Manden var i virkeligheden en heldig kartoffel.

その男性は，実際はとても幸運な人でした．

en varm kartoffel できれば扱いたくない厄介な問題

[熱いジャガイモ]

Engang var Christiania en varm kartoffel.
かつてクリスチャニアは厄介な問題であった.

at få et par på kassen 横っ面にびんたを二三発もらう

*[箱の上に二つ三つもらう]

Jeg skal give dig et par på kassen!
びんたを二三発おみまいしてやるぞ！

at rage kastanjerne ud af ilden for nogen 〈改〉…を救うために危険を冒す；…のために困難·やっかいなことを処理する；…のために火中の栗を拾う

[ヒトのために栗を火の中から掻き出す]

Du må selv rage kastanierne ud af ilden, jeg kan ikke gøre det for dig.
あなたは自分で火中の栗を拾わねばなりません．私は代わってあげられません．

ikke gøre en kat fortræd 誰にもなんの仕打ちもしない，虫一匹殺さない；とても穏和で親切である

[一匹の猫にも害を与えない]

Han var en stille og rolig mand, som aldrig gjorde en kat fortræd.
彼は虫一匹殺さないような，静かでおとなしい男だった．

at gå uden om noget som **katten** om den varme grød

[猫が温かい粥の周りを回るように遠回りする]

(興味があるにもかかわらず)…をする勇気がない

Han havde egentlig lyst til det job i udlandet, men gik uden om det som katten om den varme grød.
彼は実際は外国でのその仕事を望んでいたが，なかなかその勇気がなかった．

at købe **katten** i sækken

[袋の中の猫を買う]

品物を現物を見ずに買う；吟味せずに物を買う；買い物で騙される；思っていたよりも質の悪い物を買う

De fandt ud af, at de havde købt katten i sækken.
彼らは自分たちが買った物が思ったよりも良くなかったのが分かった．

at gå på **kattepoter**

*[猫の足で歩く]

足音を忍ばせて歩く；慎重に·注意して行動する

»Jeg skal ind til chefen og diskutere løn.«
»Så vil jeg råde dig til at gå på kattepoter, han er nemlig sur i dag.«
「ボスのところに給料の話をしに行くよ．」
「それでは慎重にするようアドバイスします．ボスは今日機嫌が悪いですからね．」

at tage **kegler**

[{ボーリングなどの}ピンをとる]

〈日〉成功する；人に気に入られる；拍手(喝采)を博す

Hans tale tog virkelig kegler.
彼の演説は本当に喝采を博した．

at sætte **kikkerten** for det blinde øje

[望遠鏡を盲いた(方の)目にあてる]

〈改〉見て見ないふりをする

Han skælder sjældent sin lille pige ud. Som regel sætter han kikkerten for det blinde øje, når hun gør noget galt.

彼はめったに自分の幼い娘をしからない．その娘が何か間違ったことをすると，彼はふつう見て見ないふりをする．

at vende den anden **kind** til

[もう一方の頬を向ける]

（不当な処置を受けても）抵抗･反抗しない，甘んじて受ける

Selv om det sårede hende, vendte hun blot den anden kind til.

そのことに彼女は傷ついたけれども，ただそれに甘んじているばかりであった．

der går en **klap** ned for nogen

[ヒトのためにふたが閉まる]

…の記憶が突然なくなる，一時的に記憶喪失になる

Jeg kendte godt svaret på spørgsmålet, men pludselig gik der en klap ned for mig.

私はその質問の答えをよく知っていたのに，突然思い出せなくなった．

det slår **klik** (for nogen)

[(ヒトにとって)カチリという音がする；(鉄砲などが)不発である]

（…にとって）うまくいかない，うまく作動しない；突然うまくいかなくなる/作動しなくなる；自制が利かなくなる

Stemmen slog klik for hende.

彼女は声が(突然)出なくなった．

at gå nogen (hårdt) på **klingen**

*[ヒトの刃に(きつく)行く]

…を厳しく攻め立てる

Under debatten gik politikerne hinanden hårdt på klingen.

討論で政治家たちは互いに厳しく攻め立てた.

at tage/få/købe (noget) på **klods**

*[(ナニカを)台木の上でとる/得る/買う]

〈日〉(…を) 掛けで・信用で買う

Med al den gæld var det utroligt, at hun stadig kunne få på klods hos købmanden.

彼女は借金があんなにいっぱいあるのに, 食料雑貨商でまだ掛けで買えるというのは信じられないことだ.

at være en **klods** om benet (på nogen)

*[(ヒトの)脚の周りの木片である]

…の足手まとい・じゃまものである;…の重荷になっている;…を悩ませている

Den mor har altid været en klods om benet på hende og hindret hende i at gøre, hvad hun ville.

あの母親はいつも彼女の足手まといで, 彼女がやりたいことをやる妨げとなってきた.

ikke blive **klog** på nogen/noget

*[ヒト/ナニカの上で賢くならない]

…が理解できない

Han blev aldrig klog på hende.

彼は決して彼女のことを理解できなかった.

at vide hvad **klokken** er slået

[鐘が何時を打ったか知っている]

状況の深刻さが分かっている

Efter den samtale med chefen vidste han, hvad klokken var slået.

ボスとあのやりとりをした後，彼にはことの深刻さが分かっていた．

at slå **kludene** sammen

[布切れをたたむ//一つに合わせる]

〈日〉共同体を作る；一つのチームを作る；団結する；引越しして一緒に住む

De havde kendt hinanden i mange år, før de gjorde alvor af at slå kludene sammen.

彼らは長年付き合った後で，実際に一緒に住み始めた．

at have **knald** i låget

[蓋の中で破裂する音がする]

〈日·俗〉頭がおかしい

»Han var da en pudsig fyr.«
»Ja, han har lidt knald i låget.«

「彼はほんとうにおかしな奴だなあ．」
「そう，彼は頭がちょっとおかしいよ．」

det er **knald** eller fald

[それはバンという音か敗北かである]

〈日〉成功か失敗か，のるかそるか，一か八か

Han tog sig sammen og meldte sig til eksamen. Det var knald eller fald.

彼は奮起して試験に申し込んだ．一か八かだった．

at dreje nogen en knap 〈古〉…を騙す

*[ヒトにボタンを回す]

»Tror du på den forklaring?«
»Næ, jeg tror, han prøvede at dreje dig en knap.«

「あなたはあの説明を信じますか.」
「いいえ，彼はあなたを騙そうとしていると思います.」

at tælle på knapperne （可否をボタンを数えて占う·決める）いいかげんに決める

[ボタン（の数）を数える]

Når det kom til beslutninger, talte hun altid på knapperne.

決定を下す段になると，彼女はいつもいいかげんに決めた.

at gemme/have en kniv i ærmet//knive i ærmerne 陰険なことを考えている；悪意ある計画を立てている

[袖の中にナイフを隠す/持っている]

Lyt til en erfaren kollega, der ikke har knive i ærmerne.

経験豊かな同僚で，陰険なことを考えていない人の言うことに耳を傾けなさい.

at dreje kniven om i såret 痛み·苦痛をさらに増大させる

[ナイフを傷の中で回す]

»Jeg har lige mødt din gamle kæreste – hun fulgtes med en flot fyr.«
»Behøver du dreje kniven om i såret!«

「君の昔の恋人にちょうど会ったよ．かっこいいやつと一緒だったよ.」
「人の悲しみをいっそうつのらせるような話をして，君は嬉しいか！」

at sætte nogen kniven for/på struben …を脅迫する，おどす

[ヒトの喉にナイフを当てる]

Til sidst måtte han sætte hende kniven for struben.

最後には彼は彼女をおどさねばならなかった.

at gå/synke i knæ 降参する

[ひざまずく/がくりとひざ折れる]

Efter mange timers forhør gik den anklagede i knæ og tilstod.

長時間に及ぶ尋問の後，被告人は降参して白状した.

at tvinge nogen i knæ …を屈服させる，打ち負かす，…に勝つ

[ヒトをひざまずかせる]

Først efter fem timers spil lykkedes det ham at tvinge sin modspiller i knæ.

５時間におよぶ戦いの後，やっと彼は対戦者に勝つことができた.

at blive blød i knæene 弱腰になる；言いなりになる

[ひざが柔らかくなる]

Når han sendte hende dét blik, blev hun altid blød i knæene.

彼が彼女にあの視線·眼差しを送ったときには，彼女はいつも彼の言いなりになった.

at komme/være på knæe(r)ne 〈日〉窮している，ひどく困っている；お金に窮している

[ひざをつく//ひざをついている]

Han var på knæ i forholdet til sin svigerfar.

彼は義父との関係においてひどく困っていた.

der er ingen ko på isen — 〈日〉危険はない，安全だ，万全だ

[氷の上に牛はいない]

Kom bare, der er ingen ko på isen!
さあおいで，危険はないよ！

noget kommer bag på nogen — …にとって驚きである

[ナニカがヒトの後ろにやってくる]

Det kommer helt bag på mig, at du vil rejse i morgen.
あなたが明日出発するなんて全くの驚きです．

at spille kong Gulerod — 〈日·俗〉偉そうに振る舞う

[ニンジン王を演じる]

Når han har penge mellem hænderne, har han det med at spille kong Gulerod.
彼はお金を持っているときは偉そうに振る舞う癖がある．

at tage nogen/noget (lige) på kornet — …を本物そっくりに真似る·模倣する；そっくりに描く·再現する

*[ヒト/ナニカを(まさに)粒でとる]

Alle, der så maleriet, var enige om, at modellen var taget på kornet.
その絵を見た人全員が，モデルがそっくりに描かれていると言った．

at have gode kort på hånden — 勝ち目がある；見通しが有利である

[手の上に良いカードを持っている]→[(トランプで)手が良い]

Han har gode kort på hånden i kapløbet om kontrakten.
彼はその契約をめぐる競争で勝算があった．

at komme til kort

*[カードに来る·到達する]

対応·対処できない；対処できなくて引きさがらざるを得なくなる

Når han diskuterede med hende, kom han altid til kort.

彼は彼女と議論をするときには，いつも対応できなくなり引きさがらざるを得なくなった.

at spille sine kort godt/dårligt/...

[自分のカード·持ち札をうまく/へたに/…プレイする·出す·使う]

自分のもつ可能性を有効に使う/無駄にする；かしこく/無思慮に行動する·ふるまう

Partiet vandt valget, fordi det havde spillet sine kort godt.

その党は選挙に勝った．なぜならばチャンスを有効に使ったからだ.

at sætte alt på ét kort

[すべてを1枚のカードに置く·賭ける]

一か八かの勝負をする；1回だけの試みにすべてを賭ける

Han satte alt på et kort for at blive valgt.

彼は選出されることにすべてを賭けた.

at kigge nogen i kortene

[ヒトをカードに見る；ヒトのカードを見る]

…の秘密をあかす；…のやっていることを調べる；…の状況を詳しく調べる；…の手の内をのぞく

Vi må hellere kigge dem i kortene, inden vi går i gang.

私たちは，始める前に，彼らの手の内をのぞいておいた方が良い//彼らのやっていることを調べておく方が良い.

at lægge kortene på bordet
手の内をさらけ出す；事実をすべて明かす

[カードをテーブルの上に置く]

Han besluttede sig for at lægge kortene på bordet.
彼は手の内をさらけ出すことに決めた.

at træde i//ud af kraft
効力を発する；発効する//効力を失う；失効する

*[力に踏み込む//力から踏み出す]

Loven er vedtaget, men er endnu ikke trådt i kraft.
その法律は採択されたが，まだ効力を発効していない.

at få/have krammet på nogen
…を屈服させる/させている，…を意のままにする/している

*[ヒトの上にその小ものを得る/持っている]

Efter 20 minutters kamp lykkedes det ham at få krammet på sin modstander.
20分間の闘いの後，彼は首尾よく相手を圧倒することができた.

at gå i krig med noget
〈日〉…を始める；…と取り組み始める

*[ナニカとの闘いに入る]

Eleverne gik straks i krig med opgaven.
生徒たちはすぐに問題と取り組み始めた.

der er krig på kniven
反目しあっている，ひどく仲が悪い

*[ナイフの上で戦争がある]

Der er krig på kniven mellem de to naboer.
その二人の隣人同士は反目しあっている.

at sætte **kronen** på værket	…を完成させる；仕上げをする；最後をみごとに飾る；有終の美を飾る
*[その仕事·作品に王冠をかぶせる]	Hun dækkede et smukt bord og satte kronen på værket med en buket blomster. 彼女は美しくテーブルをセッティングし，一束の花で仕上げをした．
krummer i nogen	〈日〉…のガッツ·気力·根性
*[ヒトの中のパンくず]	Hun har virkelig krummer i sig. 彼女はほんとうにガッツがある．
at give den en spand **kul**	〈日〉スピードを上げる；もっと頑張る
*[それにバケツ一杯の石炭を与える]	»Vi bliver ikke færdige inden aften.« »Jo, hvis vi giver den en spand kul.« 「私たちは今晩までに終わりません．」 「いいえ，だいじょうぶ．頑張ってスピードを上げればね．」
kul på	〈日·俗〉活気；スピード
[上に石炭]	Vi skal have mere kul på for at nå det. それを時間までにやるには，もっと急がなくては．

at bekende **kulør**

[トランプの場札と同じ種類のカードを出す]

立場を明らかにする；旗幟を鮮明にする

Han var den type, der gerne ville gøre alle tilpas, og det betød, at han ofte ikke bekendte kulør.

彼は誰もが気分良くなるようにしようとするタイプだった．つまり，彼はしばしば立場を明らかにしなかった．

at sætte **kulør** på noget

[ナニカに色をつける]

…を活気づける，にぎやかにする；…をより面白くする

Hendes sprudlende humør kunne sætte kulør på ethvert selskab.

彼女の陽気な気分はどのような集まりも活気づけることができた．

at skifte/ændre **kurs**

[進路を変える]

態度･姿勢を変える

I begyndelsen var hun negativ over for ham. Men nu, hvor hun har lært ham bedre at kende, har hun skiftet kurs.

はじめは彼女は彼に対して否定的だった．しかし，彼をもう少しよく知った今は，彼女は態度を変えた．

at styre en farlig **kurs**

[危険な進路を進める·とる]

危険を冒す；危険を冒して…に乗り出す

»Tror du, det er klogt af ham at investere i det firma?«
»Nej, jeg mener, han styrer en farlig kurs.«
「彼があの会社に投資するのは賢いことだと思いますか.」
「いいえ，彼は危険を冒していると思います.」

noget er ikke i **kurs**

[ナニカが進路にない]

時代遅れである，人気がない

Engang var møbler af teaktræ meget almindelige i danske hjem, men nu er de ikke i kurs længere.
かつてはチーク材の家具はデンマークの家庭でとても一般的であったが，今やもう人気がない.

ud(e) af **kurs**

[進路·コースをそれて]

わき道にそれて

Han prøvede at koncentrere sig, men hans tanker kom hele tiden ud af kurs.
彼は集中しようとしたが，彼の思考はたえずわき道にそれてしまった.

at stikke en **kæp** i hjulet

[棒を車輪に差し込む]

…をじゃまする·ぶちこわす

Han stak en kæp i hjulet under forhandlingerne.
彼は交渉の間，じゃまをした.

at få kærligheden at føle 〈ア〉ぶたれる，しかられる

[愛情を感じる]

Hvis du nogensinde gør det igen, skal du få kærligheden at føle.
もしまた(同じことを)したら，しかりますよ.

der er kød på noget …に内容・質がある；…が興味深い

[ナニカに肉がついている]

Der var ikke noget kød på det, han sagde.
彼の言うことには内容が何もなかった.

ens eget kød og blod 〈改〉自分自身の家族・身内

[自分自身の肉と血]

Præsten sagde, at vi skal elske alle små børn, som var de vores eget kød og blod.
牧師は，私たちはすべての子供たちを身内のごとく愛せよと言った.

at gå i kødet på nogen 〈日〉…を攻撃する；…に打ってかかる・襲いかかる

*[ヒトの肉に入る]

Han gik lige i kødet på sin lillebror.
彼はまっすぐ弟に襲いかかった.

at gå (alt) kødets gang 死ぬ；滅亡する；終わる

*[(すべての)肉の廊下・通路・歩みを行く]

Også som ideologisk patentholder er verdenskommunismen gået kødets gang.
イデオロギーの特許権所有者としても，世界の共産主義は終焉を迎えた.

at gøre kål på nogen

*[ヒトの上にキャベツを作る]

〈日・俗〉…に勝つ;…をやっつける，殺害する

Første gang de tog et parti skak, gjorde han kål på hende i løbet af et kvarter.

彼らがチェスを初めてしたとき，彼は15分間で彼女を負かした.

at gøre kål på noget

*[ナニカの上にキャベツを作る]

〈日・俗〉…を飲み干す，食べつくす;…に勝つ;…をやりとげる;…を消す，こわす

De var sultne og fik hurtigt gjort kål på al maden.

彼らはおなかがすいていて，すぐにすべての食べ物をたいらげた.

L

at suge på **labben**

[手·前足を吸う]

〈古·日〉節約する，耐乏生活を送る

De var nødt til at suge på labben i en måned.

彼らは１ヶ月の間，節約することを余儀なくされた.

at få det glatte **lag**

[つるつるした層を得る]

〈俗〉こっぴどく叱られる

Hun mistede tålmodigheden og gav mig det glatte lag.

彼女は我慢できなくなり，私をこっぴどく叱った.

at hale/redde noget i **land**

[ナニカを陸に引き上げる/救い上げる]

…をなんとか確保·獲得する

Han halede 3.462 stemmer i land.

彼は3,462票をなんとか確保·獲得した.

at trække i **land**

[陸に引き上げる]

意見·約束などを撤回する·引っ込める；要求を引き下げる·修正する

Han indså, at han havde været for grov i sine udtalelser, så han trak i land.

彼は，自分がそのようなことを言って失礼がすぎたと認めて，発言を撤回した.

at følge den slagne **landevej**

[踏みならされた街道をたどる]

常道をたどる

Hans karriere som embedsmand har fulgt den slagne landevej.

彼の官僚としてのキャリアは常道をたどってきた.

lige ud ad **landevejen**

[街道をまっすぐに]

〈日〉簡単・容易な

Det går uden problemer, det er bare lige ud ad landevejen!

それは問題なくいきます，ほんとうに簡単です．

en blandet **landhandel**

[混ざった田舎の雑貨商]

あらゆるものが混ざっている

Den internationale bog- og litteraturmesse i Göteborg er noget af en blandet landhandel, hvad angår forfattertemperamenter.

イェーテボリにおける国際書籍・文学見本市は，作家気質に関して言うと，あらゆるものが混ざっている．

at tærske **langhalm** på noget

[ナニカの上で長藁(ながわら)をこく・脱穀する]

同じことをくだくだと述べる

I kan ikke blive ved med at tærske langhalm på noget, som sagtens kan finde sin løsning.

あなたたちは，簡単に解決策が見つかることを，くだくだと話し続けることはできません．

at hvile på **laurbærrene**// sine laurbær

[自分の月桂樹の上で休む]

現在の名声・名誉・成功に甘んじて・満足してなまける

»Nu skal De ikke hvile på Deres laurbær,« sagde den gamle direktør, »men vise, at Deres succes ikke kun var held.«

「さあ，現在の成功に満足せず，あなたの成功が単に運が良かっただけではないことを見せなさい.」と老齢の社長は言った．

at tale/snakke frit fra **leveren**

〈日〉正直な意見を言う；（胸にあることを）率直に話す

*[肝臓から自由に話をする]

Over for dig kan jeg godt tale frit fra leveren.

あなたに対しては私は率直に話すことができます．

at sejle med//have **lig** i lasten

外聞をはばかる過去を隠している

[積み荷に死体を載せて航海する//載せている]

Biografien afslørede, at han sejlede med mange lig i lasten.

伝記から彼には過去に外聞をはばかることがたくさんあったことが分かった．

at **ligge** under for nogen/noget

…に屈服する，従う，負ける，左右される

[ヒト/ナニカに対して下に横たわっている]

Hun havde aldrig ligget under for hans luner.

彼女は彼の移り気に左右されることは決してなかった．

at få/have en **lille** én på

〈日〉少し酔う/酔っている

*[小さなのを身につける/つけている]

»Virker Ole ikke lidt underlig?«
»Jo, jeg tror, han har en lille én på.«
「オーレはちょっとおかしくないかい．」
「そうだね，ちょっと酔っているようだね．」

at sno/vikle nogen om sin **lillefinger**

*[ヒトを自分の小指に巻きつける]

…を自分の思い通りにさせる，意のままに操る

»Han er vel nok glad for sin lille datter.«
»Ja, hun kan sno ham om sin lillefinger.«
「彼は自分の幼い娘がほんとうに大好きなんですね.」
「そうですよ，彼は彼女の言いなりですよ.」

at (være ved at) gå op i **limningen**

[接着した部分がバラバラにな(りつつあ)る]

〈日・俗〉自制心を失う，精神的に参る；(モノの場合）ひどいことになる

Han har ikke sovet i flere nætter, så han er ved at gå op i limningen.
彼は幾晩も眠っていないのでおかしくなりそうである.

at optræde/være på slap **line**

[ゆるんだ綱の上で演じる//上にいる]

〈日〉馬鹿なことをして恥をさらす；即興で行なう；なれない状況で思いきってやる

Han optræder altid på slap line til firmafesterne.
彼は会社のパーティーではいつも馬鹿なことをして恥をさらしている.

at løbe **linen** ud

[ライン・(釣り)糸を送り出す]

始めたことをとことん最後までやる；存分に暴れる；できるだけ長い間続ける

Han bliver nok god igen, hvis vi lader ham løbe linen ud.
彼は，もし私たちがとことんまでやらせれば，また良くなると思うよ.

at læse mellem **linierne**

*[行の間を読む]

はっきりと書かれていない意図を読み取る；行間を読む

Hun skrev, det var et dejligt sted med en masse søde mennesker. Men mellem linierne læste jeg, at hun længtes hjem.

彼女は，それは親切な人が大勢いる素晴らしい所だと書いていた．しかし私は行間から，彼女は故郷に帰りたがっていることが分かった．

at risikere **liv** og lemmer

[命と肉体を危険にさらす]

危険に身をさらす

Hun gjorde det, selv om hun risikerede liv og lemmer.

彼女は危険を冒してまでそれを行なった．

at sætte **liv** i kludene

*[布切れに命を置く//活気·生気を与える；布切れを陽気にする]

〈日〉活気づける

»Gæsterne keder sig,« sagde hun. »Kunne du ikke sætte lidt liv i kludene?«

「お客さんたちは退屈しています．ちょっと活気づけてもらえませんか.」と彼女は言った．

at spænde **livremmen** ind

[ベルトをきつく締める]

節約する；消費を引き下げる；耐乏生活をする

Efter han er blevet arbejdsløs, har han måttet spænde livremmen ind.

失業して以来，彼は耐乏生活に甘んじなければならなかった．

at ryge op under loftet

[天井の下までとび上がる]

〈日・俗〉(非常に)怒る

Min far ryger helt op under loftet, hvis den plade går i stykker.

もしそのレコードが壊れたら，私の父は激怒します.

at stikke noget i lommen

[ナニカをポケットに突っ込む]

…に甘んじる，耐える，耐え忍ぶ

Hun blev beskyldt for at være doven, men valgte at stikke fornærmelsen i lommen.

彼女は怠け者扱いされたが，その侮辱に甘んじることにした.

at være (helt) i lommen på nogen

[(完全に)ヒトのポケットの中にいる]

…に(完全に)依存している

Han kan aldrig gøre noget uden at snakke med sin kone først. Han er helt i lommen på hende.

彼は何をするにも奥さんに相談してからでないとできない．彼は奥さんにまったく頼り切っている.

at få luft under vingerne

[羽の下に空気を得る]

自分を自由に表現することができるようになる

Efter hun var gået på deltid, begyndte hun at dyrke en masse fritidsinteresser. Hun følte, hun havde fået luft under vingerne.

彼女はパートタイムに転じてからたくさんの余暇活動を始めた．彼女は自分のやりたいことを自由にできるようになったと感じていた.

der er kold luft mellem nogen
不仲である；…の間に冷たい空気が流れている

[ヒトの間に冷たい空気がある]

»Peter og Søren talte overhovedet ikke til hinanden i aftes.«
»Nej, der er kold luft mellem dem for øjeblikket.«
「ピータとセーアンは昨晩お互いにまったく声をかけなかった.」
「そうなんだ. 目下のところ彼ら二人の間には冷たい空気が流れているんだ.」

at rense luften
場の雰囲気を良くする, 険悪な雰囲気を和らげる；心を開いて議論する

[空気を浄化する]

Et ordentligt skænderi kan undertiden rense luften.
大喧嘩をすると険悪な空気がときには和らぐことがある.

at vende noget i luften
…を討論の議題に取り上げる

[空中でナニカの向きを変える]

Spørgsmålet har allerede været vendt i luften et par gange.
その問題はすでに2, 3回議題になっています.

at være grebet ud af luften
作り事･でっち上げである

*[空気中からつかみ出されている]

Journalisten hævdede, at firmaet solgte våben til Sydafrika. Men direktøren svarede, at den påstand var grebet ud af luften.
その記者は, その会社が南アフリカに武器を売っていると主張した. しかしその会社の社長は, その主張がでっち上げだと答えた.

at lugte **lunten**

[導火線の匂いに気がつく//を嗅ぐ]

〈日〉うさん臭く思う，変だと感づく

Eleverne ventede spændt på, at læreren skulle sætte sig på tegnestifterne. Men han lugtede lunten.

生徒たちは，先生が画びょうの上にすわるのを固唾を飲んで見守っていた．しかし先生は変だと感づいた．

at sidde som en **lus** mellem to negle

[二つの爪の間のシラミのように座っている]

板ばさみの状態にある

Som sagsbehandler sad hun ofte som en lus mellem to negle.

担当官として彼女は板ばさみになることが多かった．

at sætte **lus** i skindpelsen

[シラミを毛皮に置く]

〈古〉不和の種をまく；陰謀で人びとの間を裂く

Han var en intrigant person, én der satte lus i skindpelsen.

彼は陰謀家，不和の種をまく人間だった．

at slå til **lyd** for noget

*[ナニカにとっての音のためにたたく]

…を唱道する·提唱する

»Ulla mener, at det bør være lettere for udlændinge at få opholdstilladelse i Danmark.«

»Ja, hun slår tit til lyd for den tanke.«

「ウラは外国人がデンマークで滞在許可を得るのがもっと簡単であるべきだと言っている．」

「そうですよ．彼女はその考えを唱道しています．」

at komme som et **lyn** fra en klar himmel

[晴れた空からの雷光のように来る]

青天の霹靂のようにやってくる

Meddelelsen kom som lyn fra en klar himmel.

その伝言は全く突然やってきた.

at brænde sit **lys** i begge ender

[自分のろうそくの両端を燃やす]

一度に多くのことに手を出しすぎる；健康のことを考えず体を酷使する·無理をする

Vær opmærksom på, at du indimellem brænder dit lys i begge ender.

あなたは時々あまりに多くのことに手を出しすぎるので注意しなさい.

at give grønt **lys** for/til noget

[ナニカに対して緑色の光{→青信号}を与える]

〈日〉…を承認·許可する，…にゴーサインを出す

Kommunen gav grønt lys for byggeriet.

コムーネはその建設を許可した.

at stille/sætte nogen i et godt/dårligt **lys**

[ヒトを良い/悪い光の中に立たせる/座らせる]

…のことを良く/悪く言う·評価する

Det var ubehageligt at høre, hvordan han prøvede at stille sin kollega i et dårligt lys.

彼がどんな風に自分の同僚のことを悪く言うのかを耳にするのは不快だった.

at sætte sit **lys** under en skæppe

[自分の明かりを升(ます)の下に置く]

自分の能力·有能さを包み隠す

Du har absolut ingen grund til at sætte dit lys under en skæppe.

あなたは能力を包み隠す理由はまったくありません.

at føre nogen bag **lyset** …をあざむく，だます

[ヒトを光の後ろに導く]

Da sagens rette sammenhæng gik op for ham, kunne han se, hvordan han var blevet ført bag lyset.

事の正しい関係が彼に分かったとき，彼は自分がどのようにだまされていたのか分かった．

at **lægge** sig imellem 二者の間のいざこざをとめようとする，仲裁·調停する，間に割って入る

[間に横たわる]

De to brødre blev ved med at slås, indtil deres mor lagde sig imellem.

その二人の兄弟は，二人の母親が間に割って入るまで，喧嘩をしつづけた．

at **lægge** sig ud med nogen …と仲たがいをする

*[ヒトと外に横になる]

Han lægger sig altid ud med sin far, når de snakker om penge.

彼は父親とお金の話をするといつも仲たがいをする．

at trække det største/tungeste **læs** 最もつらい仕事をする；仕事を一番多くする

[最大の//最も重い荷を引っぱる]

Som formand må han trække det tungeste læs.

会長として彼は仕事を一番多くしなければならない．

at gå/løbe lige i **løvens** gab

[ライオンの大きく開けた口の中にまっすぐに入る/走り込む]

(それと知らずに) 命に関わるような危険を冒す

Tyven havde ikke set politibilen foran huset, så han gik lige i løvens gab.

その泥棒は家の前にあったパトカーを見なかったので，それと知らずに危険を冒した．

at vove sig ind i **løvens** hule

[思い切ってライオンの穴に入る]

会うのがこわい人を思い切って訪ねる；虎穴に入る

Hun var lidt nervøs ved tanken om at skulle bede om lønforhøjelse hos chefen, men hun vovede sig alligevel ind i løvens hule.

彼女は上司に昇給を頼もうという考えにナーバスになっていたが，それでも思い切って訪ねた．

at sidde **låret**/lårene af nogen

*[ヒトの太ももに座る]

〈日〉(友達関係において)あつかましい，しつこい；同じ人と四六時中一緒にいる

Han havde inviteret sine nye naboer ind nogle gange, men var hurtigt holdt op med det, for de begyndte at sidde låret af ham.

彼は新しい隣人たちを何度か自宅に招待したが，すぐに招待するのをやめた．というのは，彼らがあつかましくなってきたからである．

at gå til makronerne

[マカロン{焼き菓子の一種}のところに行く]

〈日·冗〉真剣に·本格的に取りかかる

Hvis vi skal nå det hele, må vi hellere se at gå til makronerne.

もし私たちが時間内に全部やってしまおうとするならば，真剣に取りかかった方がいいですね．

en dråbe malurt i bægeret

[杯の中の一滴のニガヨモギ·苦汁]

喜びをぶちこわすもの

Midt i sejrsrusen var det en dråbe malurt i bægeret, at en af spillerne var under mistanke for doping.

勝利に酔っている最中にあって，選手の一人がドーピングの嫌疑をかけられていることは喜びをぶちこわすものだった．

at blive stødt på manchetterne

[袖口を突かれる]

〈日〉怒る；むっとする

Søren blev stødt på manchetterne, fordi jeg bedre kunne lide Peters idé.

セーアンはむっとした．なぜならば，私がピータのアイデアの方を気に入ったからだった．

at blæse nogen/noget en lang march

[ヒト/ナニカに長い行軍のラッパを鳴らす]

〈日〉…のことはどうでもいい

»Peter er sur på dig.«
»Det vil jeg da blæse en lang march!«

「ピータは君に腹を立てているよ.」
「そんなことどうだっていいよ.」

at blive stram i masken 不機嫌な·にがりきった顔をする

[仮面がぴんと張る]

Hun blev noget stram i masken, da hun hørte nyheden.

彼女はそのニュースを聞いたとき少し不機嫌そうな顔をした.

at holde masken まじめくさった顔をする；顔色に出さない；何のそぶりも見せない

[仮面を保つ]

Han er en mester i at holde masken i svære situationer.

彼は困難な状況において何も顔色に出さない名人である.

at lade masken falde 仮面をかなぐり捨てる；本性を表す

[仮面を落とす]

Han havde længe skjult sin politiske holdning, men en dag lod han masken falde.

彼は長い間自分の政治姿勢を隠していたが，ある日，本性を表した.

at tabe masken まじめくさった顔を保てない；笑う

[仮面を落とす·失う]

Ved du hvad, vi laver et nummer med læreren den 1. april. Men du må love mig ikke at tabe masken.

ねえ，いいかい．ぼくたちは4月1日に先生にいたずらをするよ．でも笑わないって約束してよ.

at falde/ligge på **maven** for nogen/noget

[ヒト/ナニカのために腹ばいになる/なっている]

…に心酔する；…に追従する；…の前で平身低頭する，…にぺこぺこする/へつらう

Hans charme fik mange kvinder til at ligge på maven for ham.

彼の魅力のために大勢の女性が彼に心酔した．

at have rent **mel** i posen

[袋の中にきれいな穀物の粉を持っている]

潔白である；心にやましいところがない

De hæderlige skatteydere er langt i flertal, men der er trods alt en del, der ikke har rent mel i posen.

立派な納税者が過半数を占めているが，そうはいってもやはり心にやましいところがある人もかなりいる．

at finde **melodien**

[メロディーを見つける]

うまくやっていく；元気を取り戻す

Efter hun mistede sit job, har hun ikke rigtig kunnet finde melodien.

職を失ってから彼女は元気がない．

at gøre/holde gode **miner** til slet spil

[悪いプレイにも良い表情をする/保つ]

嫌な目にあっても//不満足でも，満足している//喜んでいるような顔をする

Han havde inviteret hele familien på besøg i weekenden, og det passede hende dårligt. Men hun holdt gode miner til slet spil.

彼は親族全員を週末に招いた．それは彼女には都合が悪かったのだが，彼女は喜んでいるような顔をした．

at blive/være (gul og) grøn af **misundelse**

[羨望で(黄色と)緑になる/である]

〈日〉ひどくうらやむ，激しくねたむ，羨望する

Han blev grøn af misundelse, da han så min nye bil.

彼は私の新しい車を見たとき，ひどくうらやましがった．

at stå **model** til noget

[ナニカのモデルになっている]

…に我慢する，耐える；(苦しみなどを)経験する

Til sidst kunne partiet ikke stå model til hans uheldige udtalelser til pressen, så han blev ekskluderet.

しまいにはその政党は報道機関に対する彼の好ましくない発言に我慢しきれなくなり，それで彼は党を除名された．

at få noget ind med **modermælken**

[母乳といっしょにナニカを飲む]

…に幼少の頃から慣れ親しむ，…を幼少の頃に身につける・得る

Hun havde fået sin musikglæde ind med modermælken.

彼女は音楽の喜びを幼少の頃から知っていた．

noget går i sin **mor** igen

[ナニカが再び自分の母親の中に入る]

放棄される，取り消される，実現しない

Hans vilde planer om at rejse jorden rundt på cykel er gået i sin mor igen.

自転車で地球を一周するという彼の無謀な計画は実現しなかった．

at have **mord** i øjnene

*[目の中に殺人を持っている]

〈日〉激怒しているように見える

Han havde mord i øjnene, da han kom farende ud fra mødet.

彼は会議室を飛び出してきたとき，とても怒っているように見えた.

at kunne tåle/klare **mosten**

[果実汁に耐えられる]

プレッシャー·困難を克服できる；酒をたくさん飲むことができる；強いアルコールが飲める // に耐えられる

Han kunne ikke tåle mosten og måtte gå i seng

彼はお酒が弱くて，それで床につかねばならなかった.

at snakke for sin syge **moster**

[自分の病気のおばのために·代わりにぺちゃくちゃ話す]

〈日〉しゃべりたてて目的を達しようとする

»Nå, du ville ikke låne ham din bil i weekenden?«
»Nej, jeg låner aldrig min bil ud. Men han snakkede nu ellers godt for sin syge moster.«

「なるほどね．あなたは週末に彼に車を貸したくないのですね.」
「そうです．私は自分の車を決して貸しません．でもそれにしても彼は借りようとしてよくしゃべりましたね.」

M

at være ved **muffen**

[{保温のために手を両端から入れる}マフのそばにいる]

〈日〉大金を持っている；ふところが豊かである

»Lars har lige vundet i tips.«
»Ja, han er rigtig ved muffen for tiden.«

「ラースはサッカーくじで当たったばかりだ.」
「そうだね，彼は今はほんとうにふところが豊かだよ.」

at beholde noget for sin egen **mund**

[ナニカを自分自身の口のために取っておく]

…を自分自身のために // 自分自身が使うために取っておく

Den fine æske chokolade beholdt hun for sin egen mund.

そのきれいな箱詰めチョコレートは彼女は自分のために取っておいた.

at tage **munden** for fuld

*[口をいっぱいに取りすぎる]

大げさに言う，誇張する；自慢する；手に余るような仕事をやろうとする

Da han fortalte om sine bedrifter på safari-turen, lød det, som om han tog munden for fuld.

彼がサファリツアーでの自分の手柄について話をするとき，まるで誇張しているかのように聞こえた.

at få **mundkurv** på

[口輪をはめられる]

箝口(かんこう)令を敷かれる，言論の自由を統制される；口止めされる；沈黙させられる

Det var en pinlig sag, så statsministeren gav sine ministre mundkurv på.

それはばつの悪い出来事だったので，首相は大臣たちに箝口令を敷いた.

at kunne krybe i et **musehul**

[ネズミの穴にはって入ることができる]

〈日〉(はずかしくて)穴があったら入りたい気持ちである；(恐ろしくて) 穴の中にもぐりこみたい

Hver gang skuespilleren skulle på scenen, fik han lyst til at krybe i et musehul.

その役者は舞台に立つ段になるたびに，はずかしくて穴があったら入りたい気持ちになった．

at være noget ved **musikken**

[音楽においてナニカである]

〈日〉 名士；大物；重要人物；顔役

»Hvordan har han dog fået den lejlighed?«
»Jo, hans far er noget ved musikken i den boligforening.«

「彼はいったいどうやってあのマンションを手に入れたんだい．」
「うん，彼の父親はあの住宅協会の顔役だよ．」

at spille med **musklerne**

[筋肉で演じる；筋肉をふくらませ波打たせる]

自分の力を誇示する

USA spillede med musklerne over for Irak.

アメリカ合衆国はイラクに対して力を誇示した．

at gøre en **myg** til en elefant

[蚊を象にする]

小さな問題を大きくする，針小棒大にする

Han skulle altid gøre en myg til en elefant.

彼はいつもとるに足らないことで大騒ぎをする．

at bide mærke i noget

[ナニカに噛み跡をつける//噛んで印をつける]

…を記憶に留める，注意して心に留める；…に気づく

Jeg skal bide mærke i det, du fortalte.

私はあなたが話したことを記憶に留めておきましょう.

at betale med//give igen med samme mønt

[同じコインで支払う//同じコインを戻す]

…に仕返しをする，報復する

Han var uforskammet over for hende, men hun gav igen med samme mønt.

彼は彼女に対してずうずうしかった．それで彼女は仕返しをした.

at slå mønt af noget

[ナニカからコインを鋳造する]

…でお金をかせぐ；…から利益を収める；…を利用する；…に乗ずる

Formiddagspressen slår mønt af folks sensationshunger.

タブロイド紙は人びとのセンセーションへの渇望を利用している.

at støde nogen ud i mørket

[ヒトを暗闇に押し出す//突き出す]

〈改〉…を追放する，締め出す；…を格下げする

Præsidenten stødte sine rådgivere ud i mørket.

大統領は自分のアドバイザーたちを追放した.

at (kunne) stå **mål** med nogen/noget	…と優劣を競うほどである；…に比肩しうる，匹敵する
*[ヒト/ナニカとゴールに立っている(立つことができる)]	Han kan ikke stå mål med sin forgænger. 彼は前任者の足元にも及ばない.
at tage **mål** af nogen/hinanden	徹底的に評価する·判断する
[ヒトの/互いの寸法を取る]	Inden kampen stod de to boksere og tog mål af hinanden. 試合の前に二人のボクサーは立って互いを評価していた.
målet er fuldt	もうたくさんだ，我慢できない
[升目は一杯だ]	»Hvorfor er du så vred?« »Først låner du min jakke, så min tennis-ketcher og nu min bil, uden at spørge. Nu er målet fuldt!« 「どうしてそんなに怒っているの？」 「まず第一に君は僕のジャケットを借りて，次に僕のテニスラケットを借り，今度は僕の車を，それも聞きもしないで. もうたくさんだ！」
at skyde over **målet**	誇張する；度を越す；事実と食い違う
[的(まと)の上方を射る]	Ministeren skød over målet, da han forudsagde, at landet ville gå bankerot. 大臣は，国が破産すると予言したのは言い過ぎだった.

at springe i målet

[ゴールにとび込む]

〈日・冗〉最後の最後にあきらめる//協力をやめる//引き下がる

Det var ærgerligt for partiet, at deres kandidat sprang i målet.
候補者が最後になって引き下がったのは党にとって残念だった.

at være sidst på måneden

[その月の最後である]

お金を使いきった，お金がない

Han er altid sidst på måneden.
彼はいつもお金に困窮している.

at holde sig på måtten

[マットの上に留まっている]

〈日〉自制する，怒りをおさえる；統制に服する；行儀を良くする

»Sikke en hovedpine! Jeg fik vist for meget at drikke i går.«
»Ja, du må lære at holde dig på måtten.«
「なんて頭が痛いんだろう！昨日飲みすぎたようだ.」
「そうですよ．自制できるようにならなくてはいけませんよ.」

at bøje **nakken**

[首筋を曲げる]

屈服する；頭を下げる

Skæbnen havde været hård for hende, hun havde lært at bøje nakken.

運命は彼女にとって厳しいものだった．それで彼女は頭を下げるすべを身につけていた．

at få nogen ned med **nakken**

[ヒトを首筋とともに下にやる//ヒトに首を垂れさせる]

…を打ち負かす，屈服させる；無理やり押さえつける；隷属させる；辱める

Det lykkedes dem at få ham ned med nakken.

彼らは首尾よく彼を屈服させることができた．

at tage sig selv i **nakken**

[自分自身の首筋をつかむ]

〈日〉奮起する；勇気を奮って…しようと(決心)する

Han tog sig selv i nakken og fortsatte arbejdet.

彼女は奮起して仕事を続けた．

at være dum i **nakken**

*[首筋が馬鹿である]

〈日〉馬鹿げている；愚かである；非常に馬鹿である

»Hvis du siger nej til det tilbud, er du godt dum i nakken,« sagde han.

「もしその申し出を断るなら，あなたはとても愚かだ．」と彼は言った．

at være på **nakken** af nogen

*[ヒトの首筋の上にいる]

…から目を離さない；…を常に監視する

Hun var altid på nakken af ham.

彼女はいつも彼から目を離さなかった．

at have et godt navn

[良い名前を持っている]

評判が良い

Alle kan lide min kollega. Han har et godt navn i firmaet.
みんなが私の同僚を好いている．彼は会社で評判が良い．

at lægge navn til noget

[ナニカに名前を置く·貸す]

…の責任をとる;主唱者として，あるいは名前を貸すことで…と係わりができる

Han var ikke meget for at lægge navn til den idé.
彼はそのアイディアの責任をとることにはあまり気乗りがしなかった．

at gå nedenom og hjem

[下の方を回って家に帰る]

倒産する

Forretningen er gået nedenom og hjem.
その店は倒産した．

en hård negl

[固い爪]

〈日〉 荒っぽい奴；恐れを知らない奴；タフな奴；ひるまない奴

Hun var en hård negl under forhandlingerne.
彼女は交渉の間まったくひるまなかった．

at få noget op under neglene

[ナニカを持ち上げて爪の下に入れる]

〈日·俗〉盗む

Den gamle frue var bange for, at stuepigen havde fået pengene op under neglene.
その老婦人はお手伝いの女の子がお金を盗んだのではないかと思った．

at rubbe neglene | 〈日〉急ぐ；急いで終らせる

[爪をこする]

Gæsterne ville komme om en time, så hun måtte rubbe neglene.
お客さんたちは1時間後に到着するので，彼女は急がねばならなかった．

at gå nogen på nerverne | …をいらいらさせる；…の神経にさわる

*[ヒトの神経の上を歩く·動く·行く]

Støjen gik hende på nerverne.
その騒音は彼女の神経にさわった．

at blive fanget i sit eget net | 自分自身の行為·発言·方法の犠牲になる；自縄自縛に陥る

[自分自身の網にとらわれる]

Han havde tit snakket om, hvor let det var at snyde i skat, men en dag blev han fanget i sit eget net og anklaget for skattesnyd.
彼は税金をごまかすことがどれほど容易であるか，よく話していたが，ある日自縄自縛に陥り，脱税で告発された．

at gå i nettet | つかまる，捕らえられる

[網に入る·かかる]

Forbryderen er gået i nettet.
その犯罪者は捕らえられた．

at sprælle i nettet | つかまっている；もう逃げ道がない

[網の中ではねる·ばたばたする]

Politiet jagtede spritbilisten ned ad en blind vej, og så sprællede han i nettet.
警察はその飲酒運転の男を行き止まりの道に追い込んだ，それで彼はつかまったのだった．

i løbet af **nul** komma fem [0.5の間に]	〈日〉瞬時に Jeg skal være der i løbet af nul komma fem. 私はすぐにそこに行きます.
at få en **næse** [鼻を得る]	叱責される，とがめられる，しかられる Lægen fik en næse for sine forsømmelser i forbindelse med behandlingen. その医師は治療の手抜きをとがめられた.
at få en lang **næse** [長い鼻を得る]	〈日〉がっかりする；だまされる Hun fik en lang næse, da hun åbnede pakken. 彼女はその包みを開けてがっかりした.
at have (en fin) **næse** for noget [ナニカに対して(繊細な)鼻を持っている]	…に対するセンスがある；…を見分ける才がある Han har en god næse for antikviteter. 彼は骨董品を見分ける才がある.
ikke kunne huske fra **næse** til mund *[鼻から口まで思い出せない]	〈冗〉物覚えが悪い；忘れっぽい Den gamle præst havde glemt at tage præstekjolen på. Han kunne snart ikke huske fra næse til mund. その老牧師は祭服を着用するのを忘れていた．彼は物忘れがひどくなったものです.

ikke kunne se ud over sin egen næse/næsetip

[自分自身の鼻(先)越しに見渡すことができない]

自分のことしか考えられない；視野が狭い；了見が狭い；目先のことしか分からない

Mange fordomme opstår, fordi folk ikke kan se ud over deres egen næse.

人びとの了見が狭いためにたくさんの偏見が生じる．

at falde/gå på næsen over/for noget

*[ナニカの上方で/前で鼻の上に倒れる·落ちる/行く]

…に有頂天になる

Han falder altid på næsen over det, hun gør.

彼は彼女のすることにいつも有頂天になる．

at stikke næsen indenfor

[鼻を中に突っ込む]

〈日〉少しの間訪ねる；ちょっとのぞく

»Det er længe siden, jeg har set dig.«
»Ja, men jeg havde også tænkt mig at stikke næsen indenfor hos dig i eftermiddag.«

「あなたと会ってからずいぶんたつわね.」
「ええ，でも私も午後にちょっとお邪魔しようかと思っていたの.」

at stikke/sætte næsen i sky

*[雲に鼻を突っ込む]

高慢ちきである；うぬぼれている

Firmaet har lige givet ham lønforhøjelse og en ny bil. Så han går rigtig og stikker næsen i sky.

会社は彼に昇給と新車を与えたばかりである．それで彼はほんとうに高慢ちきになっている．

at sætte **næsen** op efter noget	…を望む；目指す；じりじりしながら待ち受ける；ひどくあてにする
[ナニカを求めて鼻を上に上げる]	Han satte næsen op efter at blive direktør. 彼は社長になることを目指した.
at tage nogen ved **næsen**	…を馬鹿にする；だます；かつぐ
[ヒトを鼻のところでつかむ]	Han opdagede ikke, at de havde taget ham ved næsen. 彼は彼らにだまされたことに気がつかなかった.
med **nød** og næppe	かろうじて
*[困窮·必要をともないかろうじて]	Vi nåede med nød og næppe toget. 私たちはかろうじて電車に間に合った.

at gyde **olie** på vandene

[水に油を注ぐ]

〈古·改〉怒りを静める

»Ungerne er ved at slå hinanden. Kunne du ikke gyde olie på vandene?«
「子供たちは今にもけんかをしそうです．やめさせられないかしら？」

at have **ondt** af noget

[ナニカのせいで痛い]

…に対して羨ましく思う

Han havde ondt af sin kollegas succes.
彼は同僚の成功を羨んだ．

at lægge et godt **ord** ind for nogen/noget

[ヒト/ナニカのために良い言葉をはさむ]

…を推薦する

Når du taler med chefen, så læg et godt ord ind for mig.
所長と話をするとき，私のことを推薦して下さい．

at stå ved//gå fra sit **ord**

*[自分の言葉の所に立っている//から離れる]

約束を守る//守らない

Hun havde tvivlet på, om han ville overholde deres aftale, men han stod ved sit ord.
彼女は彼が約束を守るかどうか疑っていたが，彼はきちんと守った．

at veje sine **ord**

*[自分の言葉の目方を量る]

よく考えてから発言する，慎重に言葉を選ぶ

Hvis han skal komme igennem med det her, må han veje sine ord.
彼がこれをやり遂げようとするならば，彼は慎重に言葉を選ばなくてはならない．

det er rene ord for pengene — 率直に発言された

[お金に対するきれいな言葉である]

Han fik at vide, at det, han havde lavet, var ubrugeligt. Det var rene ord for pengene.

彼は自分が作ったものが使えないものだと知った．単刀直入に言って．

at tage ordet — 話し始める，スピーチを始める，発言する

[言葉をとる]

Formanden var den første, der tog ordet ved mødet.

会長がその会議で最初に発言した．

at tage nogen på ordet — …の言うことを言葉どおりに取る

[ヒトの言葉をとる]

Han sagde, han ville sælge, og jeg tog ham på ordet.

彼は売りたいと言い，私はそれを真に受けた．

at være ovenpå — 上手くやっている

[上にいる]

Han er ovenpå økonomisk set.

彼は経済的な面では好調である．

en sløv **padde**

怠け者；のろま

[遅い蛙(かえる)]

Sådan en sløv padde som Søren gider vel ikke være med?

セーアンのような怠け者は参加する気がないだろう.

at løbe/rende **panden** mod en mur

〈日〉障害に直面する，壁に突き当たる

[額を壁にぶつける]

Han prøvede gang på gang at få sit forslag igennem, men løb hele tiden panden mod en mur.

彼はことあるごとに自分の提案を通そうとしたが，いつも壁に突き当たった.

at skære noget ud i **pap**

〈日·俗〉…を丁寧·詳細にに説明する

[段ボールでナニカを切り抜く]

Hun skal have alting skåret ud i pap.

彼女は全てを丁寧に説明してもらわねばならない.

at have skudt **papegøjen**

〈日〉とても幸運であった

[そのオウムを撃った]

Hendes nye lejlighed var både billig og lækker, så hun følte virkelig, hun havde skudt papegøjen.

彼女の新しいマンションは安くて良いものだったので，彼女は本当に幸運だったと感じた.

at (kunne) klare paragrafferne
[条項を解明する(ことができる)]

〈俗〉問題を解決する(ことができる)

Han måtte have hendes hjælp, for han kunne ikke klare paragrafferne selv.

彼は彼女の助けが必要だった．というのは，彼は自分で問題を解決できなかったからである．

at melde **pas**
[パスする]

あきらめる；意志がくじけて放棄する；手を引く

Hun meldte pas over for at skulle være den, der tog det store slæb.

彼女は大きな困難を背負い込む役を遠慮したいと言った．

at falde til **patten**
*[乳首・おっぱいに落ちる]

〈日〉従順になる；(文句を言わずに)従う・服従する

»Er du stadig utilfreds med den nye ferie-ordning?«
»Nej, jeg er så småt ved at falde til patten.«

「新しい休暇制度に関してまだ不満なのですか？」
「いいえ，だんだん認めつつあります．」

at vove **pelsen**
*[毛皮を危険にさらす]

危険を冒す，やってみる

Efter en del betænkeligheder besluttede de at vove pelsen og satse på projektet.

何度もためらった後，彼らは勝負にでてそのプロジェクトにかけることにした．

at have **penge** som græs

[草のようにお金を持っている]

〈俗〉大金を持っている

Han købte et stort hus med det samme, for han har penge som græs.

彼はすぐに大きな家を購入した．というのも彼は大金持ちだから．

at have **penge** som skidt

[ゴミ・汚物のようにお金を持っている]

〈俗〉大金を持っている

Vi havde råd til alt, vi havde penge som skidt.

私たちは何でも買うことができた．私たちは大金を持っていた．

at kaste **perler** for svin

[豚の前に真珠を投げる]

その価値の分からない者に価値あるものを捧げる，豚に真珠，猫に小判

Han serverede en udsøgt vin for sine gæster, men det var at kaste perler for svin.

彼はお客を極上のワインでもてなしたが，それは猫に小判であった．

at hade nogen/noget som **pesten**

[ヒト/ナニカをペストのように嫌う]

〈日〉…をひどく憎む；…に対して嫌悪感を抱く

Jeg hader at fyre folk. Jeg hader det som pesten.

私は人を解雇することが嫌いです．とても嫌いです．

at danse efter nogens **pibe**

[ヒトのパイプ·笛に応じて踊る]

…の言いなりになる

Han har altid godt kunnet lide at se folk danse efter sin pibe.

彼はいつも，人々が自分の言いなりになることを好んでいた.

at stikke **piben** ind

[パイプをはめる·差し込む]

〈日〉おとなしくする，慎重になる

Han kan godt være ret provokerende, men i dag havde han stukket piben ind.

彼はとても挑発的になりうるが，今日は大人しくしていた.

piben får en anden lyd

[パイプ·笛が他の音を得る]

〈日〉態度·姿勢が変わる·良くなる

Der havde været for megen slaphed i klubben, men med den nye træner fik piben en anden lyd.

そのクラブはとてもたるんでいたが，新しいコーチが来て，皆の態度が良くなった.

at blive en **pind** til nogens ligkiste

[ヒトの棺への棒となる]

〈日·俗〉…にとってひどく負担となる

Den sag bliver en pind til hendes ligkiste.

その件は彼女の寿命を縮める.

at skyde en hvid **pind** efter noget

[ナニカをねらって白い棒を撃つ·投げつける]

〈日〉…を得ることをあきらめる

Du kan godt skyde en hvid pind efter at bestå din eksamen, hvis ikke du læser.

もし勉強をしないなら，試験に合格することをあきらめることですね.

at stå på **pinde** for nogen

[ヒトのために棒の上に立つ]

常に…の面倒を見る // 世話をする態勢にある;…の言いなりになる，…の機嫌をとる

Hun måtte altid stå på pinde for sin mand.

彼女はいつも夫の言いなりにならなくてはならなかった.

at tage **pippet** fra nogen

*[ヒトからピー(鳴き声)をとる]

〈日〉…の勇気をくじく

Hendes overvældende ordstrøm var lige ved at tage pippet fra ham.

彼女の強烈な弁舌は彼の勇気を奪ってしまいそうだった.

at sætte nogen **pistolen** for brystet

[ヒトの胸にピストルをあてる]

…に(決心することなどを)強制する

Hun var træt af hans ubeslutsomhed, så til sidst satte hun ham pistolen for brystet.

彼女は彼の優柔不断さに疲れており，ついには決断を迫った.

at stikke (nogen) en **plade**

[(ヒトに)板を差し出す·渡す]

(…に)嘘をつく

Han sagde, han havde vundet pengene, men hun var overbevist om, at han stak en plade.

彼は賭け事でお金をもうけたと言ったが，彼女は嘘をついていると見抜いていた.

et plaster på såret → et **plaster** på såret

[傷に絆創膏]

痛みを和らげる状況

Hendes ny arbejdstid passede hende dårligt, men lønforhøjelsen var et plaster på såret.

彼女の新しい労働時間は彼女に合わなかったが，昇給がそれを癒した．

at have en tør **plet** i halsen

*[乾いたしみをのどの中に持っている]

〈日〉(特にアルコールに対して)のどが渇いた

»Jeg henter lige et par øller til os,« sagde han. »Jeg har en tør plet i halsen.«

「ちょっと行ってビールを2，3本取ってくるよ．のどが渇いたから．」と彼は言った．

at give **pokker** i nogen/noget

*[ヒト/ナニカの中に悪魔を与える]

〈日〉…を気にかけない，問題にしない

Han har altid givet pokker i, hvad andre mener.

彼はいつも他の人がどう思おうと気にしてこなかった．

at leve på **polsk**

[ポーランド語で過ごす]

〈改〉結婚することなく一緒に暮らす

De levede på polsk, indtil de fik deres første barn.

彼らは初めての子供を授かるまで同棲をしていた．

at jage/sætte nogen på **porten**

[ヒトを門の上に追いやる/座らせる]

誰かを追い出す

Da de ikke havde betalt husleje i tre måneder, blev de sat på porten.
彼らは３ヶ月間家賃を払っていなかったため追い出された.

at give **pote**

[(動物の)足を与える]→[(犬が)お手をする]

〈日〉(良い)結果を与える

Investeringerne gav pote.
その投資は良い結果をもたらした.

prikken over i'et

[ｉの上の点]

〈日〉最後の仕上げ

Han smagte på sovsen. En sjat rødvin ville sætte prikken over i'et.
彼はソースの味見をした．少量の赤ワインが最後の仕上げをするだろう.

at holde (en) lav **profil**

[低いプロフィールを保つ]

目立たないようにする，低姿勢でいる

Handel med Sydafrika var et emne, hvor mange lande holdt lav profil.
南アフリカとの交易は，多くの国が控えめな態度であるトピックである.

at få en **prop**

[コルクを得る]

〈日・俗〉ひどく興奮する

Hvis I bliver ved at larme sådan, får jeg en prop.
もしあなた方がそのように騒ぎ続けたら，わたしはとても怒りますよ.

at stå sin **prøve**

*[自分の試験に向かっている]

適していることが分かる；試練に耐える；保持される

Efter forhandlingerne kunne man konstatere, at partiernes løfte om samarbejde havde stået sin prøve.

交渉の後，各政党間の協力関係に関する約束が十分守られるものであることを確認できた．

at føle nogen på **pulsen**

[ヒトの脈を診る]

…の意向を確かめる；…の本心を探る

Som politiker har han en glimrende evne til at føle sine vælgere på pulsen.

政治家として，彼は支持者の本意を探る素晴らしい才能を持っている．

at forvalte/udnytte sit **pund** godt/dårligt

[自分のポンドを上手に/下手に管理する/利用する]

〈古·改〉自分の才能を上手に/下手に利用する

Han kunne være blevet en stor skuespiller, hvis han havde forstået at forvalte sit pund bedre.

もし彼が自分の才能をもっと上手に生かす術を心得ていたなら，素晴らしい俳優になっていただろう．

at **puste** sig op

[自分を膨らます]

威張る，虚勢を張る

Han var slem til at puste sig op, når der var kvinder til stede.

彼は女性と同席しているとき，虚勢を張りがちだった．

at tage **pusten** fra nogen

…に息をのませる，はっとさせる

*[ヒトから息をとる]→[ヒトの息を切らす]

Tanken om alt det, han skulle nå i ugens løb, kunne næsten tage pusten fra ham.

一週間のうちに終わらせなければならない多くのことを考えると，彼は息をのむほどだった．

at have **pæren** i orden

〈日〉賢い

[洋梨が大丈夫である]

Jeg kan godt se, at hun har pæren i orden.

私は彼女が賢いということが分かります．

at gøre **regning** uden vært

[主人なしで計算する]

見込み違いをする

Han havde planlagt at låne forældrenes bil i ferien, men han havde gjort regning uden vært.

彼は休暇に両親の車を借りる予定を立てていたが，思惑は上手くいかなかった．

for egen **regning**

[自己負担で]

自己の責任において

Det vil jeg ikke være med til, det må stå for din egen regning.

それには私は賛同しません．あなたの責任で行なってください．

ikke have en rød **reje**

[赤いエビを持っていない]

〈日·俗〉お金を一銭も持っていない

»Kan du låne mig 50 kr.?«
»Desværre, jeg har ikke en rød reje.«

「50クローネ貸してくれる？」
「残念ながら，全くお金を持っていません．」

at have en **rem** af huden

[皮の紐を持っている]

〈改〉他の人と同様の欠点がある；他の人と同類である

Hun kritiserer sin mand for at være nærig, men hun har nu selv en rem af huden.

彼女は自分の夫がけちだと言って批判するが，彼女自身も同類なのですよ．

at komme/være på det **rene** med noget

[ナニカをもってきれいなものの上に来る/ある·いる]

…がはっきり分かる/分かっている；…が片づく/片が付いている

Han kom omsider på det rene med, hvordan sagen var forløbet.

彼は，とうとうその件がどのように進展したかはっきり分かった.

at slå sig til **ridder** på noget

[ナニカの上で自分を叩いて騎士にする]→[ナニカの上で自らを騎士に叙する]

〈古〉…を自分の手柄にする；…を自慢する；他人の犠牲の上に楽々と点を稼ぐ，能力をひけらかす

Det var en let sag for ham at slå sig til ridder på sin modstanders uvidenhed.

対立候補の無知さをいいことに点を稼ぐことは彼にとって簡単だった.

ikke **ride** den dag, man sadler

[鞍を置いたその日に乗らない]

急がない，時間をかける

Han har godt nok gjort sig klar til at tage af sted, men han rider ikke den dag, han sadler.

彼は出発する準備を整えてはいるが，急がない.

der er **rift** om noget

[ナニカの周りにかき傷がある]

…に対する強い需要がある

Der er rift om billetterne til forestillingen.

その公演のチケットに対する需要が多い.

R

at binde **ris** til sin egen bag

厄介なことを抱える，自ら困難·災いを招く

[自分自身の背中のために枝むちを束ねて作る]

Politikerne har ikke tænkt sig godt og grundigt om. Nu laver de nemlig ris til deres egen bag.

政治家たちはきちんと考えていなかった．今，彼らは自ら厄介事を招いている．

at slå/fæste **rod**/rødder (et sted)

定住する；定着する，なじむ

[(ある場所に)根づく]

Han slog rod i den lille by.

彼はその小さな町に根を下ろした．

at rykke nogen/noget op med **rode**

…を根絶する·絶滅させる；…を(住み慣れた土地·環境から)追い立てる

[ヒト/ナニカを根こそぎにする]

De har rykket sig selv op med rode og er flyttet til Spanien.

彼らは住み慣れた土地から自らを追い立てて，スペインへと移った．

at spille en (stor) **rolle**

重要な役割を演じる，重要である

[(大きな)役を演じる]

Penge spiller en stor rolle i den familie.

その家族においてお金は重要な役割を演じている．

at lægge **roret** om

方針を変更する

[舵を切る]

Han indrømmede sine fejl og lovede at lægge roret om.

彼は自分の失敗を認め，方針を変更することを約束した．

rosinen i pølseenden

[ソーセージの端に干しぶどう]

〈日〉最後(で最良)

Koncerten var meget populær, og som rosinen i pølseenden kom Champagnegaloppen.

そのコンサートはとても盛況で，最後にシャンパンギャロップが演奏された.

en gammel **rotte**

[年老いたねずみ]

〈日〉ベテラン，老練家；狡猾な人

Han er en gammel rotte inden for sit fag.

彼は彼の専門とする分野においてベテランである.

at have **rotter** på loftet

[天井の上//屋根裏にねずみを持っている]

〈日·俗〉頭がおかしい

Hvis du vil give 20.000 kr. for den gamle bil, må du have rotter på loftet!

あの古い車に2万クローネも出すなんて，頭がおかしいよ.

at være (helt) til **rotterne**

[(完全に)ねずみのものになっている]

〈日·俗〉力が尽きた，社会的にだめになっている

De har ikke sovet i flere nætter, fordi deres dreng er syg. Så de er helt til rotterne.

彼らは息子が病気のため幾晩も寝ていない. そのため彼らは全く力尽きている.

at løbe (lige) **rundt**

[(ちょうど)回る]

〈日〉お金が十分である，経済的に見て元が取れる

Hvis vi kan få hotellet til at løbe rundt nu, er vi rige om 10 år.

もし今私たちがこのホテルを損なしでやっていけるならば，10年後にはお金持ちになっています.

at have en bred **ryg**

[広い背中を持っている]

批判などに対してびくともしない

Som politiker må man have en bred ryg.

政治家として，人は批判に我慢強くなくてはならない.

at måtte lægge **ryg** til noget

[ナニカに背を向けなくてはならない]

結果を受けとめなくてはならない

Foreningen gjorde klart for medlemmerne, at de selv måtte lægge ryg til, hvis de strejkede ulovligt.

組合は組合員に対して，もし彼らが違法なストライキに訴えればその責任を負わなくてはならないことを明白にした.

bag nogens **ryg**

[ヒトの背後で]

…の知らないところで；…のいないところで

Han var upopulær blandt kollegerne, fordi han talte ondt om dem bag deres ryg.

彼は同僚の間で人気がなかった．というのも彼は陰口をたたくからであった.

at **ryge** og rejse

[飛び出して旅をする]

〈日〉消え失せる

Ryg og rejs!
消え失せろ！

at falde nogen i **ryggen**

[ヒトの背中に倒れる]

…を裏切る

Han syntes, at hans kollega var faldet ham i ryggen.
彼は，彼の同僚が裏切ったと思った．

at have nogen/noget i **ryggen**

[背中にヒト/ナニカを持っている]

後ろ盾を持っている，経済的支援を受けている

Firmaet klarede sig gennem krisen, fordi det havde en god bank i ryggen.
その会社は優良銀行の支援を受けていたので，その危機を乗り越えられた．

at have **ryggen**//sin ryg fri

[背中が自由である]

良心にやましいところがない

Han rådførte sig med en advokat for at have ryggen fri.
彼は良心にやましいことがないように，弁護士に相談した．

at kæmpe/stå med **ryggen** mod muren

[壁に背を向けて戦う/立っている]

絶体絶命の状況にいる

Hvis han ikke kunne få et lån, ville han snart stå med ryggen mod muren.
もし彼がローンを組めなければ，彼はまもなく窮地に立たされるだろう．

at løbe nogen koldt ned ad **ryggen**

[ヒトの背中を冷たく走る]

背筋が冷たくなる

Blot hun tænkte på den gyserfilm, løb det hende koldt ned ad ryggen.

彼女はそのホラー映画のことを考えるだけで，背筋が冷たくなった．

at slikke nogen op (og ned) ad **ryggen**

[ヒトの背中を上に（下に）なめる]

〈日・俗〉…にへつらう

Kollegerne synes, at han slikker chefen op og ned ad ryggen.

同僚たちは，彼が所長にへつらっていると思っている．

at vende nogen **ryggen**

[ヒトに背を向ける]

…を拒否する・見限る

Hun blev så vred, at hun vendte ham ryggen.

彼女は怒りのあまり彼を見限った．

at have en **ræv** bag øret

[耳の後ろにキツネを持っている]

〈古〉ずるい，抜け目がない

Den gamle mand har en ræv bag øret.

その老人は抜け目がない．

at gå op i **røg**

[煙の中に上がっていく]

〈日〉消失する；煙になる，水泡に帰する

Deres ferieplaner gik op i røg, fordi deres søn blev syg.

彼らの休暇の計画は，息子が病気になったことではかなく消えた．

der er **røg** i køkkenet

[台所に煙がある]

〈日・冗〉家庭に不和がある

Der var røg i køkkenet hjemme hos Lars i går.

昨日，ラースの家ではけんかがあった．

røre i andedammen

[カモの池における騒ぎ]

地域社会における騒動

Hendes udskejelser skabte røre i andedammen.

彼女の自堕落な振る舞いがその地域社会に騒動を起こした．

at komme ud af **røret**

[管から出てくる]

〈日・俗〉進む，出発する；…に取りかかる

»Hvis du skal nå at komme i skole til tiden,« sagde moderen, »må du se at komme ud af røret!«

「学校に間に合いたいのなら，今すぐに行かないとだめよ．」とお母さんは言った．

at give **råt** for usødet

[甘味の入っていないものの代わり・お返しに生のものを与える]

〈古〉お返しをする；同じ(ひどい)やり方で仕返しをする；しっぺ返しをする；売り言葉に買い言葉を言う；負けずにやり返す

Han kom med nogle grove bemærkninger, men hun gav ham råt for usødet.

彼はひどいことをいくつか言ったが，彼女も負けずにやり返した．

at sluge noget råt 〈日〉…を真に受ける

[ナニカを生で飲み込む]

»Troede hun på din forklaring?«
»Ja, hun slugte den råt.«
「彼女はあなたの説明を信じたの？」
「ええ，鵜呑みにしたわ.」

at rasle med sablen — 自分の力を見せつける，おどす

[サーベルをがちゃがちゃいわせる]

Da den lille provins erklærede sin selvstændighed, raslede centralregeringen med sablen.
その小さな属州が独立を宣言したとき，中央政府は力を見せつけておどした.

at **sadle** om — 考えを変える；やり方·方針を変更する，鞍替えする

[鞍を替える]

Udviklingen gør, at vi må sadle om og finde nye løsninger.
その展開ゆえに，私たちは方法を変えて新しい解決策を見いださねばならない.

at sidde fast/sikkert i **sadlen** — 揺るがない地位にいる，安泰である

[しっかりと鞍にまたがっている]

Direktøren har siddet i sadlen i de sidste fem år.
その社長はここ5年，揺るぎない地位にいた.

det er ingen **sag** — それは簡単なことである

[それはまったく問題ではない]

Det er ingen sag at lave en sandkage.
パウンドケーキを作るのは簡単なことだ.

at sidde i **saksen** — 〈冗〉窮地に陥っている

[はさみ·鉄わなの中に挟まっている·座っている]

Med det bevismateriale, politiet havde, sad han i saksen.
警察の所持するその証拠物件によって，彼は窮地に陥っていた.

ikke eje/have **salt** til et æg

[卵への塩を持っていない]

〈冗〉とても貧乏である

Han ejede ikke salt til et æg, da han var ung.

彼は若いとき，とても貧乏だった．

noget løber ud i **sandet**

[ナニカが砂の中に走り出る]→[ナニカが砂に吸い込まれる]

…が水泡に帰す，上手くいかない

Alle hans planer løb ud i sandet.

全ての彼の計画は水泡に帰した．

fra **sans** og samling

[感覚と収集·集中から]

分別を失って

Han drak sig fra sans og samling hver fredag.

彼は金曜日ごとに気が狂ったほど飲んだ．

at køre som bare **Satan**

[悪魔そのもののように運転する]

猛スピードで運転する

Han kørte som bare Satan i Tyskland.

彼はドイツで猛スピードで運転した．

at sætte alle **sejl** til

[全ての帆を揚げる]

最善を尽くす；あらゆる手を尽くす

For at nå målet må vi sætte alle sejl til.

その目標を達成するため，私たちは最善を尽くさなくてはならない．

for fulde **sejl**

[満帆で]

〈俗〉全力を挙げて

Cykelrytterne kom strygende for fulde sejl.

自転車競技の選手たちは全力で疾走してきた．

at lægge sig i selen 精一杯働く

*[馬具の中に横になる]

Hvis han skulle nå at blive færdig med opgaven inden jul, måtte han lægge sig i selen.

その課題をクリスマスまでに終えなくてはならないなら，彼はひたむきに努力しなくてはならなかった．

at tage nogen på **sengen** 不意打ちを食らわせる，奇襲する

[ベッドの上でヒトを捕える]

Politikerne blev taget på sengen af den hurtigt voksende arbejdsløshed.

政治家たちは，急速に増加する失業に不意打ちを食らった．

at **sidde** inde 刑務所にいる

[中に座っている]→[外出しない//家に閉じこもっている]

Han sad inde for uagtsomt manddrab.

彼は過失致死罪で刑務所に服役していた．

at **sidde** inde med noget …の知識を持っている

[ナニカをもって中に座っている]→[ナニカを持って家に閉じこもっている]

Politiet vidste, at han sad inde med vigtige oplysninger.

警察は彼が重要な情報を握っていることを知っていた．

at ligge på den lade **side** 怠けている

[怠惰な側の上に横たわっている]

Han har ikke fået succes ved at ligge på den lade side.

彼は怠けていることで成功を手にできなかった．

at se noget fra den lyse **side**

[ナニカを明るい側から見る]

楽観する，いい方に考える

Den oplevelse skulle vi se fra den lyse side.
その経験は私たちはよい方向に考えるべきである.

at lade noget slippe ud mellem **sidebenene**

[肋骨の間からナニカがこぼれでるままにしておく]

…を間接的に言う

Når han er utilfreds, siger han det aldrig ligeud, men lader det slippe ud mellem sidebenene.
彼は満足していないとき，決してそれをストレートに言わずに間接的に言う.

at stå som **sild** i en tønde

[樽の中のニシンのように立っている]

〈俗〉ぎゅうぎゅう詰めである，すし詰めである

Tilskuerne stod som sild i en tønde til koncerten.
そのコンサートで観客はぎゅうぎゅう詰めに立っていた.

en død **sild**

[死んだニシン]

1.〈俗〉だめな人，役立たず

Han er indtil videre en død sild.
彼は今のところ役立たずである.

2.〈俗〉実現されそうにない案や考え

Det viste sig, at hans idé var en død sild.
彼のアイデアは非現実的なものであると分かった.

at sætte **sindene** i bevægelse

[(複数の)心を動かす]

世論を動かす；騒ぎを起こす

Nyheden satte sindene i bevægelse.

そのニュースは世間を騒がせた.

at give den en **skalle**

[それに頭による一撃を与える]

〈日·俗〉スピードを上げる；仕事に精を出す

Hvis vi skal være færdige til tiden, må vi give den en ordentlig skalle i weekenden.

時間までに仕上げるには，この週末にがむしゃらに頑張らないとならない.

at skyde med **skarpt**

[鋭いもので撃つ]→[実弾で撃つ]

〈日〉厳しい言葉で容赦をしない

Journalisterne skød med skarpt.

ジャーナリストたちは厳しい言葉で容赦をしなかった.

at tage **skeen** i den/en anden hånd

[スプーンをもう一方の手にとる]

今までよりも厳しい態度に出る；今までとは根本的に異なる方法で行なう

Hvis du ikke opfører dig ordentligt, bliver vi nødt til at tage skeen i den anden hånd.

もしあなたがきちんと振舞わないのならば，私たちは今までよりも厳しい態度に出なくてはなりません.

at få det ind med skeer

[それをスプーンで中に入れる]

〈日・冗〉かみ砕いて説明してもらう

Det var utroligt, at han ikke kunne forstå den forklaring, selvom du gav ham det ind med skeer.

あなたが詳しく説明したにもかかわらず，彼がそれを理解できなかったなんて信じられない．

nogen er ikke sådan/god at bide skeer med

[ヒトは一緒にスプーンをかむにはそのようではない//にはよくない]

（例えば討論において）簡単な相手ではない

»Peter er vel nok en skrap debattør.«

»Ja, han er ikke sådan at bide skeer med.«

「ピータはとても鋭い論客だ.」

「そうです．彼には討論で簡単には勝てません.」

at skele efter/til noget

[ナニカを斜めに見る]

…を考慮に入れる；…に注目する；…を物欲しそうに見る

Han skeler ikke til, hvad det koster.

彼はそれがいくらするか値段のことを考えない．

hverken skidt eller kanel

[泥・ゴミでもシナモンでもない]

〈日〉どっちつかずである，良くも悪くもない，海のものとも山のものとも知れない

Den tale, han holdt, var hverken skidt eller kanel.

彼が行なったその演説は良くも悪くもなかった．

at gå ud af sit gode **skind**

[自分の良い皮から出る]

かっとなる，我を忘れる

Jeg går snart ud af mit gode skind over alt rodet.

このひどい散らかりにもうすぐかっとなりそうです.

at hytte sit (eget) **skind**

[自分(自身)の皮を守る]

〈古〉卑しむべきやり方で自分の身を守ろうとする，(他人の犠牲において)自分の経済的利益を確保する

Da firmaet gik fallit, havde han hyttet sit eget skind ved at anbringe sine penge i en schweizisk bank.

その企業が倒産したとき，彼はスイスの銀行に自分のお金を預けることで我が身を守った.

at være bange for sit **skind**

[自分の皮を恐れる]

〈改〉恐れる；気が弱い

Gå du bare ind og sig din mening til chefen. Du skal ikke være så bange for dit skind.

中に入って所長にあなたの意見を言いなさい．そんなに恐れることはないですよ.

at beholde/holde **skindet** på næsen

[鼻の皮を保つ]

〈改〉(特に経済的に)なんとか切り抜ける

De arbejdede nærmest i døgndrift for at beholde skindet på næsen.

彼らはなんとか無事に切り抜けるために，ほぼ24時間体制で働いていた.

at holde sig i **skindet**

[皮の中に留まる]

自制する；したいと思っていることをしない

»Skal vi ikke gå hen og tage os en øl?«
»Nej, jeg har ikke været så meget hjemme på det sidste. Så jeg tror, jeg vil holde mig i skindet.«
「一杯やらない？」
「いや，最近あまり家にいないから，遠慮しておくよ.」

at klæde nogen af til **skindet**

[皮になるまでヒトの服を剥ぐ]

1．（スポーツや議論において）…をやっつける

»Nå, hvordan gik fodboldkampen?«
»Fint! Vi klædte dem af til skindet.«
「サッカーの試合はどうだった？」
「良かったよ，やっつけたさ.」

2．…からすっかり奪い取る·はぎ取る

Da firmaet gik fallit, blev han klædt helt af til skindet.

その会社が倒産したとき，彼は何一つ残らず持っていかれた.

at redde **skindet**//sit skind

[自分の皮を救う]

我が身を救う；かろうじて助かる

Han havde problemer til eksamen, men han reddede lige skindet.

彼は試験において苦労したが，なんとか乗り切った.

at gå i for små **sko**

[小さすぎる靴で歩く]→[小さすぎる靴を履く]

了見が狭い

»Tænk, at han gad skændes med tjeneren om den tier!«
»Ja, det var virkelig at gå i for små sko.«
「彼があの10クローネのことでウェイターと言い争いをする気になったなんて驚いた！」
「うん，本当に了見の狭いことで.」

(at føle/mærke/vide) hvor **skoen** trykker

[靴が押さえるところ(を感じる/知っている)]

問題が何か(を知っている)

»Jeg har ikke lyst til at holde velkomsttalen. Jeg bryder mig ikke om at stå frem.«
»Er det ikke, fordi det er på engelsk. Er det ikke dér, skoen trykker?«
「歓迎のスピーチをやりたくないな．前に立つのは苦手だ.」
「それは英語でだからじゃないの．それが問題なのでは？」

at kridte **skoene** (og stå fast)

[靴をパイプ白土で白く磨く(そしてしっかり立つ)]

〈冗〉(ある特定の状況で)しっかりする，がんばる；勇気を奮い起こし落ち着いてことにあたる

Skal vi så se at kridte skoene, vi kan jo ikke vente her hele dagen.
それでは頑張っていきましょうか．一日中ここで待っていることはできないでしょう.

at skyde nogen noget i skoene …に責任をなすりつける，…のせいにする

*[ヒトの靴の中にナニカを撃つ] Den opfattelse må du ikke skyde mig i skoene.

その解釈は，あなたは私が言ったこととしてなすりつけてはいけません．

at tage nogen i skole 〈古〉…を叱責する

[ヒトを学校に連れて行く] Selv hendes venner tager hende pludselig i skole.

彼女の友達でさえ，突如彼女を叱責する．

at få skovlen under nogen/noget 〈日〉…をなんとかする；…を解決する；…(ヒト)を上手に使う

[シャベルをヒト/ナニカの下に入れる] Han plejede at være god til matematik, men denne opgave kunne han ikke få skovlen under.

彼はふだんから数学が得意だったが，この問題は解決できなかった．

skriften på væggen 災いの前兆

[壁の上の字] På grund af den internationale krise planlagde direktionen indskrænkninger i virksomheden. De havde set skriften på væggen.

国際的な危機のために経営陣は会社の縮小を計画した．彼らは災いの前兆を見たからだった．

at have en **skrue** løs

[ねじが１本ゆるんでいる]

〈俗·冗〉狂っている

Når han havde så stor succes som komiker, hang det nok sammen med, at han havde en skrue løs.

彼がコメディアンとして大成功を納めていたのは，彼が少しおかしいことと関係していただろう．

en **skrue**//skruen uden ende

[端のないねじ]

無限に続くこと，永遠のいたちごっこ

Hendes op- og nedture er skruen uden ende.

彼女の感情の変化は永遠に続く．

at stramme **skruen**

[ねじを締める]

(要求などの)度が過ぎる

Pigen: »Må jeg ikke godt få den bluse?«
Moren: »Nej, ved du hvad. Du har fået så meget. Nu synes jeg, du strammer skruen.«

娘：「このブラウス買ってくれる？」
母：「いいえ．いいこと，あなたはたくさん持っているわ．もういきすぎだと思うわよ．」

at stå for **skud**

[弾に立ち向かう]

攻撃·危険·非難の矢面に立つ

Det var ministeren, der måtte stå for skud.

非難の矢面に立たなくてはならいのは大臣であった．

et **skud** i tågen

[霧の中の発砲]

当て推量，当てずっぽう

»Hvor mange udlændinge er der i Danmark?«
»Aner det ikke. Det kan kun blive et skud i tågen.«

「デンマークにはどれくらいの外国人がいますか？」
「全く分からない．当てずっぽうにしかならないよ．」

at hænge med **skuffen**

[引き出し·口と一緒にぶら下がっている]

〈日·冗〉うなだれる，しょげてがっくりする

Han går og hænger med skuffen for tiden, fordi han dumpede til eksamen.

彼は試験に落ちたため，このところしょげてがっくりしている．

at give/vise nogen en kold **skulder**

[ヒトに冷たい肩を与える/見せる]

〈俗〉…を拒絶する

Forældrene gav hende en kold skulder, da hun som 17-årig flyttede sammen med sin ven.

両親は，彼女が17歳の時に彼と一緒に引っ越したとき，彼女をはねつけた．

ikke være til at **skyde** igennem

[撃ち抜けない]

確固不動の，くつがえすことができない，批判の余地のない

Hans forklaring var ikke til at skyde igennem.

彼の説明は批判の余地がなかった．

at have **skyklapper** for øjnene // have skyklapper på

[目に(馬の)目隠し革をつけている]

視野が狭い

Præsidenten har skyklapper på og ignorerer landets sociale problemer.

その大統領は視野が狭く，国内の社会問題を無視している.

at klare **skærene**

[岩礁をやりすごす；切り抜ける]

〈日〉困難を切り抜ける

Det var den hidtil alvorligste krise for regeringen, men den klarede skærene.

それは政府にとってこれまでで最も深刻な危機であったが，政府は上手く切り抜けた.

at gøre **skår** i glæden

[喜びの中に(ガラスなどの)破片を作る]

(価値などを) 減じる，…を台無しにする·そこなう·傷つける

Hun var glad for at se vennerne til sin fødselsdag, men det gjorde skår i glæden, at hendes bedste veninde ikke kunne komme.

彼女は誕生日に友人に会えることが嬉しかったが，一番の親友が来られないことがその喜びを半減させた.

at slå et **slag** for nogen/noget

[ヒト/ナニカに一撃を加える]

…のために力を尽くす

Han var altid parat til at slå et slag for sine venner.

彼はいつも友人のために尽力する用意ができていた.

der er frit slag! — やりたいことができる

[自由な殴打がある]

»Værsgo og tag for jer af retterne,« sagde værten og pegede på buffeten. »Der er frit slag!«

「どうぞお食事をお取り下さい」と言って，主人はビュッフェを指差した．「お好きなだけどうぞ！」

et **slag** i ansigtet — ひどい侮辱

[顔に一撃]

Hans uretfærdige beskyldning var et slag i ansigtet på hende.

彼の不当な非難は彼女へのひどい侮辱であった．

et **slag** på tasken — 〈日〉推測；見当；あてずっぽう

[バッグへの一撃]

»Hvor mange biler tror du, der kører rundt i København hver dag?« »Et slag på tasken - omkring en million.«

「コペンハーゲンでは毎日何台の車が走っていると思いますか．」
「大体の見当では，100万台くらいでしょう．」

at være stor i **slaget** — 自慢する，傲慢である，横柄である

[戦いの中で大きい]

Når han havde fået noget at drikke, kunne han godt være lidt stor i slaget.

彼は少し飲むと，少し横柄になることがあった．

at nære en **slange** ved sin barm [自分の胸で蛇を養う]	〈改〉後に敵となる人//裏切られる人に対して信頼し手厚く接する Det viser sig, at jeg har næret en slange ved min egen barm, siden min bedste medarbejder er gået til konkurrenten. 私の最良の社員が競争相手の所に移ったことで，後に裏切られる人をひどく信頼していたことが分かった．
der er **slinger** i valsen [ワルツにゆれがある]	〈日〉順調にいかない；…が不安定である Hun bliver aldrig færdig med sine studier. Der er for meget slinger i valsen med hende. 彼女は決して勉学が終らない．彼女はあまりにも不安定だから．
at få en **sludder** for en sladder [うわさ話の代わりにおしゃべりを得る]	〈日〉答えになっていない答えを得る，ごまかしの説明を得る Man får bare en sludder for en sladder, når man spørger om hans mening. 彼の意見を聞いても，くだらない答えを得るだけである．
at **slå** nogen for penge-beløbet/tilskud/... [金額/援助/...のためにヒトを打つ]	〈日〉（お金などを）…にせびる·無心する Jeg kan slå min far for et tilskud. 私は父親にお金の援助を無心することができます．

at få/have en dårlig/flov/... **smag** i munden

[口の中に悪い/味のない/…味がする/している]

後味が悪い

Hun fik en dårlig smag i munden bare ved at tænke på ham.
彼女は彼のことを考えるだけで後味が悪かった.

for **smed** at rette bager

[鍛冶屋のためにパン屋を正す]

〈古・改〉無実の人を裁く

Endelig synes hun at være i færd med for smed at rette bager.
ついに彼女は無実の人を裁こうとしているようである.

at få **smæk** for skillingen

[スキリング{中世の貨幣単位}の代わりに一打ちを得る]→[スキリングの代わりに殴られる]

〈日〉妥当な目標を得る，お金に見合ったものを得る

»Var det en god gyser?«
»Ja, den var virkelig uhyggelig. Og så varede den i tre timer. Så vi fik rigtig smæk for skillingen.«
「いいホラーだった？」
「うん，とっても気持ち悪かった．それに3時間もあった．だからお金を出しただけのことはあったよ.」

at **smøre** tykt på

[厚く塗る]

誇張する；自慢する

Han smurte altid tykt på, når han fortalte om sine rejser.
彼は自分がした旅行について話すときいつも自慢した.

at **snuse** til noget

[ナニカの匂いをかぐ]

…の表面的な知識を得る，…をちょっとやってみる；…に軽く目を通す

Han har lige snuset til lidt matematik.

彼は数学をちょっとやってみたばかりだ．

at dele **sol** og vind lige

[太陽と風を等分する]

公平である

Det var ikke nemt at dømme den kamp, men der var enighed om, at dommeren havde delt sol og vind lige.

その試合を判定するのは簡単ではなかったが，審判が公平であったことに関してはみんな同意していた．

at få/have **sommerfugle** i maven

[お腹の中に蝶々を持つ/持っている]

(不安で)胸がどきどきする，あがる，緊張する

Hun havde altid sommerfugle i maven, når hun skulle til lægen.

彼女は医者にかかるとき，いつも胸がどきどきしていた．

at gøre **sort** til hvidt

[黒を白にする]

黒を白と言いくるめる

Med dine talegaver kan du gøre sort til hvidt.

あなたの話術もってすれば黒を白と言いくるめることもできるでしょう．

at **sove** på noget

[ナニカの上で眠る]

即決せずによく考える，一晩寝てもう一度よく考える

Jeg vil lige sove på dit forslag.

あなたの提案はちょっともう一度考えてみよう．

at komme **sovende** til noget

[ナニカに眠りながら来る·到達する]

…をいとも簡単に達成する

Hun er ikke kommet sovende til sin succes.

彼女は成功を手に入れるためにとても努力した．

at kalde en **spade** for en spade

[踏み鋤を踏み鋤と呼ぶ]

〈日〉ものを正しい名前で呼ぶ；ありのままに言う，歯に衣着せずものを言う

Fejlen er, at vi er holdt op med at kalde en spade for en spade.

間違いは，私たちがありのままに言うのを止めてしまったことである．

at få en **spand** (koldt) vand over hovedet

[頭にバケツ一杯の(冷たい)水をかぶる]

〈日〉失望する；ショックを受ける

Pludselig at miste støtten til projektet var som at få en spand koldt vand over hovedet.

突然そのプロジェクトへの支援を失うことは，ショックだった．

at komme/være (helt) på **spanden**

[(完全に)バケツの上に来る/いる]

〈日·俗〉苦しい立場にいる，窮地に陥っている；お金に困る，無一文である

Han sagde kun ja til det job, fordi han var helt på spanden.

彼は全くお金がないという理由だけで，その仕事を引き受けた．

at gå op i en spids 〈日〉取り乱す，憤慨する

[先端に上る]

Efter tre timers diskussion gik hun op i en spids og begyndte at råbe og skrige.
3時間にわたる議論の後，彼女は憤慨して叫び始めた．

at løbe/gå op i en spids 行き詰まる，見通しが利かない

[先端に走りあがる//上る]

Situationen var løbet op i en spids.
状況は行き詰まった．

at stille/sætte noget på spidsen 極端に推し進める

[ナニカを先端に置く]

I sin kritik satte han sagen på spidsen.
批判の中で，彼はその件を極端に推し進めた．

ud(e) af spillet 影響力なく

[ゲームの外へ(/で)]

De konservative kræfter i landet fik overtaget, og præsidenten blev stort set sat ud af spillet.
その国の保守勢力が優勢になり，大統領はほぼその力を失った．

at jokke/træde i spinaten 〈日·冗〉へまをする，バカなことを言う

[ほうれん草を踏みつける]

Du kommer til at træde i spinaten på den mest klodsede måde.
あなたはとんでもなく無様な方法でへまをするでしょう．

at spise nogen af med noget

[ヒトにナニカで食べさせる]

…をつかませてだます

De blev spist af med tomme løfter.
彼らは空の約束でだまされた.

(at stå) på spring

*[ジャンプの上に(立っている)]

熱心な，準備ができている

Chefen skulle snart på pension, og der var mange, der stod på spring for at overtage hans stilling.
所長はまもなく退職であった．そのため彼の地位を引き継ぎたいという熱心な人がたくさんいた.

at springe op og falde ned på noget

[飛び上がってナニカの上に落ちる]

〈日〉…に関してどうでもよい

»Hvad mener du om hans kritik af dit oplæg?«
»Den rammer helt ved siden af, så den vil jeg springe op og falde ned på.«
「あなたの提案に対する彼の批判についてどう思いますか？」
「全く見当違いだから気にしていないね.」

at skyde spurve med kanoner

[雀を大砲で撃つ]

ちっぽけなことを大げさに処理する；鶏を割くに牛刀を持ってする

Nogle mener, at butikstyve skal i fængsel. Andre mener, at det ville være at skyde spurve med kanoner.
万引き犯は刑務所に入れられるべきだと言う人がいる．他方，そうするのは大げさすぎると言う人もいる.

at se spøgelser (ved højlys dag)

[(真っ昼間に)お化けを見る]

理由なく臆病になる

Moren: »Peter skulle have været her for længst. Bare der ikke er sket ham noget.«
Faren: »Slap af, du ser spøgelser! Han kommer tit for sent.«
母:「ピータはもうとっくに来てもいいのに. 何も起こってないといいけれど.」
父:「落ち着いて.取り越し苦労だよ.彼はよく遅れて来るじゃないか.」

at gå i **spåner**

*[削りくずの中に入る]

〈日〉失敗する, だめになる

Deres plan om at købe hus gik i spåner.
家を購入するという彼らの計画は水泡に帰した.

at løbe af **stablen**

[進水台から走る]→[(船が)進水する]

(初めて)始まる, 初演が行なわれる

Forestillingen løber af stablen om en uge.
その公演はあと1週間で始まる.

at holde nogen **stangen**

*[ヒトに竿を保つ]

(圧力·攻撃などに)抵抗する·耐える, …を近寄らせない, 牽制する, …の活動を封じる

I denne kamp havde han svært ved at holde sin modstander stangen.
この試合において, 彼は対戦相手を近寄らせないことが難しかった.

at falde i staver 物思いに耽る

*[樽板の中に落ちる]

Hun faldt i staver og hørte ikke, hvad han sagde.
彼女は物思いに耽っており，彼の言っていることを聞いていなかった.

der er ingen smalle **steder** 〈冗〉何も不足していない

[狭い場所はない]

Der var sandelig ingen smalle steder ved det bryllup.
その結婚式では本当に，何も足りないものはなかった.

at **stejle** over noget 驚く，…に憤慨する

[ナニカに対して(馬が)後ろ脚で突っ立つ]

Det var en meget lækker menu, men han stejlede nu alligevel over regningen.
とても美味しい食事だったが，それでも彼は請求書にとても驚いた.

der faldt en (tung) **sten** fra nogens hjerte 心が軽くなった，心配から逃れた

[ダレカの心から(重い)石が落ちた]

Den dag, jeg betalte sidste afdrag på min studiegæld, faldt der en tung sten fra mit hjerte.
私は教育ローンの最後の返済金を支払ったその日，心が軽くなった.

at få **stene** for brød

[パンの代わりに石を得る]

（望んでいたものに対して）価値のないものを得る

Den lange frasefyldte tale gav folk stene for brød.

その長い陳腐な講演は聴衆になにも与えるところがなかった.

at holde **stik**

*[刺すことを保つ]

（主張·論証などが）しっかりしている，論駁されにくい；事実に合致する，正しい

Regeringens økonomiske prognoser holdt ikke stik.

政府の経済予測は正しくなかった.

at **stikke** noget til side// til sig

[ナニカを横に//自分の方に押す]

将来のために（お金を）取っておく

Han stak penge til side til bedre tider.

彼は将来景気が良くなったときのためにお金を取っておいた.

at **stikke** til nogen

[ヒトを突く]

嫌味を言う，いじめる，いびる

Han havde indrømmet sin fejl, men hun blev ved med at stikke til ham.

彼は自分の失敗を認めたが，彼女は彼に嫌味を言い続けた.

ikke **stikke** dybt

[深く刺さない；船の喫水が深くない]

深刻でない；表層的である

Jeg tror ikke, hendes vrede stikker så dybt.

彼女の怒りがそれほど大したものだとは思いません.

der **stikker** noget under

[ナニカが下に突き出る]

疑わしい，何かいわくがある

Det er for billigt, der må stikke noget under.

それは安すぎる．何かいわくがあるのに違いない．

at **stive** nogen af

[ヒトを補強する//ヒトにつっかえをする]

…を励ます，…を支える

Hans synspunkter mødte megen modstand hos ledelsen, men opbakningen fra kollegerne stivede ham af.

彼の見解は経営陣の多くの反対にあったが，同僚の支持が彼を励ました．

at få/have en høj **stjerne** hos nogen

[ヒトのところで高い星を持つ/持っている]

…に受けがよい，…に評判がよい

Han havde en høj stjerne hos pigerne.

彼は女の子の受けがよかった．

over **stok** og sten

[棒·切り株と石を越えて]

猛スピードで，がむしゃらに

Da tyven hørte politibilen, flygtede han over stok og sten.

泥棒はパトカーの音を聞いて，猛スピードで逃げ去った．

at sætte sig mellem to **stole**

[二脚の椅子の間に座る]

どちらの側にもつきかねて窮地に陥る，虻蜂取らずになる

Ved snart at støtte regeringen, snart oppositionen, satte partiet sig mellem to stole.

政府を支持したり，抵抗勢力を支持したり，その政党は窮地に陥った．

at stikke noget under stolen

[ナニカを椅子の下に置く]

…を隠しておく，秘密にする

»Tror du, han har fortalt hele sandheden?«
»Ja, jeg tror ikke, han har stukket noget under stolen.«
「彼は真実全てを語ったと思う？」
「ええ，彼が何かを隠しているとは思わないわ.」

at sætte nogen **stolen** for døren

[ヒトに対してドアの前に椅子を置く]

…に選択を迫る

Oppositionen fik sat stolen for døren.
反対派は選択を迫った.

at tage nogen med **storm**

*[ヒトを嵐とともに取る]→[〈軍〉急襲して占領する]

たちまち…の心を掴む，たちまち魅了する·うっとりさせる

Forestillingen tog publikum med storm.
その公演はたちまち聴衆の心を掴んだ.

en **storm** i et glas vand

[コップ一杯の水の中での嵐]

から騒ぎ

Sagen var ifølge ministeren en storm i et glas vand.
その件は大臣によるとから騒ぎだった.

at ride **stormen** af

[嵐を(馬)で走り去る]

困難な状況を切り抜ける

Det lykkedes bestyrelsen at ride stormen af og undgå at blive væltet.
理事会は困難を切り抜け，倒産を免れることに成功した.

at se stort på noget

[ナニカを大きく見る]

細かいところにこだわらない

»Jeg skylder dig vist stadig 10 kr.«
»Åh, ved du hvad, det synes jeg, vi skal se stort på.«

「あなたにたしかまだ10クローネの借りがあると思う.」
「ねぇ，いいですか，そんな細かいことにこだわることはないよ.」

at holde storvask

[大洗濯をする]

〈日〉激しい対決がある；(腐敗·犯罪などを)一掃する

Der er holdt politisk storvask.
政界の一掃が行なわれた.

at have en (lille) streg på

*[(小さな)線を上に持っている]

〈冗〉(少し)酔っぱらっている

Han havde vist en lille streg på.
彼はたしかちょっと酔っぱらっていた.

at slå en streg over noget

[ナニカの上に線を1本引く]→[ナニカを線を引いて消す]

…と決別する，…を意識的に忘れる；帳消しにする；大目に見る，見逃す

Han var parat til at slå en streg over deres gamle uoverensstemmelse.
彼は彼らの古い仲違いを忘れる準備ができていた.

en (slem) streg i regningen

[計算の中の(ひどい)線]

予期していなかった邪魔

Det var en streg i regningen, at bilen brød sammen, da vi skulle rejse på ferie.
私たちが休暇に出かけようとしたとき，車が壊れたことは全く予期せぬ事態だった.

at gå over stregen

[線を越えて行く]

度を超える

Hun syntes, at han gik over stregen ved at sige sådan om kongen.
彼が王様に関してあんなことを言うのは度を超していると彼女は思った.

at have flere strenge// mere end én streng på sin bue

[自分の弓に複数の//１本以上の弦を持っている]

１．多方面である，多才である

Udstillingen viste tydeligt, at kunstneren havde flere strenge på sin bue.
その展示は，その芸術家が多才であることをはっきりと示した.

２．まだいくつかの策がある

»Det er kedeligt for ham, at han har mistet sit job.«
»Åh, jeg tror, han klarer sig. Han har flere strenge på sin bue.«
「彼が職を失ったなんて可哀想に.」
「いや，彼は何とかやっていくよ．まだいくつかの策があるから.」

at begrave stridsøksen

[戦斧を埋める]

〈改〉争いをやめる，矛を納める

Efter lang tids uvenskab har de endelig begravet stridsøksen.
長期にわたる仲違いのあと，彼らはついに矛を納めた.

at tage strøm på nogen

*[ヒトの流れを取る]

〈日·俗〉…をからかう·馬鹿にする

De benytter enhver lejlighed til at tage strøm på ham.
彼らはあらゆる機会に彼をからかう.

at følge (med) strømmen

[流れに従う]

時勢に順応する，大勢に流される

De fleste af hans kammerater var begyndt at ryge, men han havde ikke lyst, og han ville ikke bare følge strømmen.

彼の友達の多くがたばこを吸い始めたが，彼は吸いたくなかったので皆に倣おうとしなかった.

at komme/være højt på **strå**

*[わらの上高くに行く/いる]

(社会的に)高い地位を得る；金持ちになる

Jeg har ikke hørt fra ham, efter han er kommet højt på strå.

私は彼が金持ちになったあと，彼から連絡を受けていない.

at trække det korteste **strå**

[最も短いわらを引っ張る]

負ける

»Jeg hører, du var en af de to topkandidater til stillingen.«
»Ja, men desværre trak jeg det korteste strå.«

「あなたはそのポストへの二大候補者のひとりだったと聞いていますが.」
「ええ，けれども残念ながら敗北しました.」

at klinke **stumperne** sammen

[破片をつぎ合わせる]

再び作動するようにする；関係を修復する //元に戻す

Deres ægteskab var ved at gå i stykker, men de har fået klinket stumperne sammen.

彼らの結婚はこわれかけていたが，彼らは関係を修復した.

at være i **støbeskeen**

[鋳造用柄杓の中にある]

準備中である

Direktøren informerede de ansatte om, at næste års produktionsplan var i støbeskeen.

社長は従業員に，来年度の製造プランは準備中であると告げた．

at komme/være i **stødet**

*[突きの中に来る/いる]

〈日〉活気がある，調子が出てくる/調子がよい

Jeg er ikke rigtig i stødet i aften.

私は今夜，あまり元気ではありません．

at få noget op at **stå**

[ナニカを立たせる]

…を設立する，立ち上げる

Firmaet har travlt med at få en ny afdeling op at stå i Århus.

その会社はオーフースに新しい部を立ち上げるのに忙しい．

at løbe **sur** i noget

[ナニカの中ですっぱくなる]

〈日〉（話·考えの）脈絡を見失う，混乱する

Selvom opgaven ikke var særlig kompliceret, løb han sur i den.

その問題はそれほど複雑でなかったにもかかわらず，彼は混乱した．

ikke det store **sus**

[大きなうなりではない]

それほど面白くない，大したものではない，平凡である

Forestillingen var ikke det store sus.

その公演はそれほど面白くなかった．

en enlig svale — 唯一のケース

[独りの燕]

»Endelig en solskinsdag!«
»Lad os håbe, det ikke er en enlig svale.«
「ようやく晴れね！」
「これが唯一ではないといいわね.」

at blive nogen svar skyldig (at blive nogen **svar** skyldig) — …の質問に答えられない

[ヒトに答えの借りがある]

På det område bliver jeg dig svar skyldig.
その分野では私はあなたへ回答ができません.

at have **svar** på rede hånd — 答えが準備できている

[用意のできた手に答えを持っている]

Du behøver ikke have svar på rede hånd.
答えを用意しておく必要はありません.

at **svede** noget ud — 〈日〉…を忘れる

[ナニカを汗にして出す]

Jeg havde fuldstændig svedt ud, at jeg skulle til møde kl. 19.
19時に会議に出席することをすっかり忘れていました.

at **svinge** sig op til noget — …に躍進する，…に昇進する；…を奮い起こす

[自分をナニカに振りあげる]→[ナニカに舞い上がる]

I løbet af få år har han svunget sig op til direktør.
ほんの数年の間に彼は社長の座に躍進した.

at ligge lunt i **svinget**

[揺れ・カーブの中に温かく横になっている]

〈俗〉良い状況にある，うまくやっている；裕福に暮らしている

Popgruppen havde haft succes i år og lå nu lunt i svinget.

そのポップグループは今年成功を収め，良い状況にあった．

at svinge **svøben** over nogen

[ヒトの上方に鞭をふる]

非難する

Han var en kendt kritiker, der aldrig blev træt af at svinge svøben over sin samtid.

彼は同時代の人を非難することに決して飽きることのない有名な批評家だった．

at komme ud//være (helt) ude at **svømme**

[泳ぎに出る//泳ぎに出ている；(全く)沖に出て泳ぐ]

〈日〉不安定になる，状況が危うい

På den måde kan du let komme ud at svømme.

その方法では状況は簡単に悪くなりますよ．

at få **syn** for sagen/sagn

[その件/説話を見る力を得る]

自分の目で確かめる

Han havde fortalt om sin store pladesamling, og da jeg besøgte ham, fik jeg syn for sagn.

彼は自分のレコードの大コレクションについて話していたが，私は彼を訪ねたとき，自分の目で確かめた．

syv lange og syv brede

[長いの７つと幅の広いの７つ]

とても時間がかかる

Foredraget varede syv lange og syv brede.

その講演はとても長いものだった.

at **sælge** sig selv

[自分自身を売る]

１．自分を売り込む，自薦する

Danmark forstår ikke at sælge sig selv til udlandet.

デンマークは自らを外国に売り込むということを理解していない.

２．自分の理想を裏切る，我が身を売る；売春する

»Er han ikke socialdemokrat?«
»Jo, men han opfører sig som en ærkekonservativ. Han sælger sig selv.«

「彼は社会民主主義者ではないの？」
「ええ，けれど彼はばりばりの保守派のように振る舞っています．彼は自分の理想を裏切っているのです.」

at lade nogen sejle sin egen **sø**

[ヒトにその人自身の湖を航海させる]

（助言や援助を与えないで）…を思うように·勝手にさせておく，手を貸さない

Forældrene lod barnet sejle sin egen sø.

両親は子供を放任していた.

at få noget serveret på et **sølvfad**

[ナニカを銀の皿で振る舞われる]

…を贈られる

De fik løsningen serveret på et sølvfad.

彼らは解決策を何をすることもなく得た.

at gå/kigge/se noget efter i **sømmene**

[ナニカを縫い目で見る]

…をじっくりと観察する，…を入念に点検する

Han besluttede at kigge bilen ordentlig efter i sømmene.
彼はその車をじっくりと調べることを決心した.

at gå/løbe op i **sømmene**

[縫い目の中に上っていく]→[縫い目がほころびる]

〈日〉ばらばらになる；だめになる，がたが来る

Deres forhold var ved at gå op i sømmene.
彼らの関係はだめになりかけていた.

at slikke sine **sår**

[自分の傷をなめる]

敗北·悪い経験のあとに立ち直る

Han er ikke færdig med at slikke sine sår efter den mislykkede eksamen.
彼はその失敗した試験からまだ立ち直れていない.

at rippe op i **såret**

[傷の中をかき回す]

古傷をあばく

Lad os endelig ikke rippe op i såret.
古傷をあばくのはぜひ止めよう.

at tage sig i det → at **tage** sig i det

*[その中で己·自分自身をとる]

己を御す；自制する

Hun skulle lige til at sige noget, men tog sig i det.

彼女は何か言いそうになったが，思いとどまった．

at tage til **takke** med noget

*[ナニカを持って//ナニカに関して感謝に行く//感謝を取る]

…で我慢する；…に甘んじる

Holdet var skuffet over at måtte tage til takke med en andenplads.

チームは第２位に甘んじなければならないことにがっかりした．

at **tale** forbi hinanden

*[お互いを通り過ぎて話す]

お互いの話に耳を貸さずに話す；お互いに誤解する

De to politikere havde svært ved at kommunikere, fordi de talte forbi hinanden.

そのふたりの政治家は，お互いに相手の言うことに耳を貸さずに話すので，議論するのが難しかった．

tampen brænder

[ロープの端は燃える]

〈日〉惜しい，もう少し；隠したものを見つける遊びで，探す人が隠したものに近づいたときに周りの人たちが言う

»Kan du gætte, hvor meget jeg vandt i tips?«
»Åh, 2000kr.«
»Tampen brænder.«

「サッカーくじでどれだけ当たったか当ててごらん.」
「えーと，2000クローネ？」
「惜しい.」

at holde **tand** for tunge

[舌の前に歯をやっておく]

〈古〉秘密を守る·もらさない，他言しない，口をつぐむ，沈黙する

Advokaten holdt tand for tunge.
その弁護士は口をつぐんで秘密を守った.

at have noget på **tapetet**

[ナニカを壁紙の上に持っている]

予定している

Regeringen har ikke nogen større reformer på tapetet.
政府は比較的大きな改革はいかなるものも予定していない.

at komme/være på **tapetet**

[壁紙の上に来る·ある]

予定されている

Ved du, hvad der er på tapetet i dag?
今日は何が予定されているか知っていますか.

at være en tynd kop **te**

[1杯の薄い紅茶である]

〈日〉中身のない，味気ない，面白みのない，つまらない，退屈な

Foredraget var en tynd kop te.
その講演は退屈なものだった.

at miste/tabe/vinde **terræn**

*[地形·地勢·地域·領域を失う//獲得する]

勢力·地歩を失う//獲得する；地盤を失う//固める；遅れをとる

Han var ved at miste terræn i forhold til konkurrenterne.
彼は競争相手たちに比して勢力を失いつつあった//遅れをとりつつあった.

T

tidens tand

*[時の歯]

長時間の使用·磨耗；何かが時間とともに崩壊していく様

Huset er mørnet af tidens tand.

その家は長年の使用で崩れかかっている.

at slippe for videre **tiltale**

[さらなる告訴から逃れる]

何かに対して責任を問われることから免れる

Endelig får han lov at slippe for videre tiltale, og hastigt lusker han bort.

ようやく彼は責任から免れることができ，すぐにこそこそと逃げた.

tiøren falder

[10エーア硬貨は落ちる]

意味がわかる

»Nu faldt tiøren!« udbrød han, da han havde fået det forklaret en gang til.

「やっと意味が分かった.」と，それをもう一度説明してもらったときに，彼は叫んだ.

at have for mange//ti **tommelfingre**

[親指がたくさんありすぎる//10本ある]

まったく不器用である；手先が器用でない

Du skal ikke give ham hammeren, for han har ti tommelfingre.

彼にハンマーを渡してはいけません．というのは彼はまったく不器用だから.

fra **top** til tå

[頭のてっぺんからつま先まで]

全身；上から下まで；すっかり

Manden: »Er den nu i orden?«
Mekanikeren: »Ja, den er tjekket fra top til tå.«
男：「車はもう OK ですか.」
修理工：「はい，すっかりチェックしました.」

toppen af isbjerget

[氷山の頂上]

外に現れているものは根深い問題のほんの一部にすぎない，氷山の一角

Det kan dreje sig om tusinder af børn, der er blevet smittet; vi har kun testet en brøkdel af dem - så det er måske kun toppen af isbjerget, vi ser.
感染したのは何千という子どもかもしれない．私たちは子供たちのほんの一部しか検査していないのだから．私たちが目にしているのは氷山の一角にしかすぎないのかもしれない.

at være en **torn** i øjet på nogen

[ヒトの目の中の棘（とげ）である]

…にとってしゃくの種 // 目の上のたんこぶである

Hendes evindelige held var en torn i øjet på ham.
彼女のいつまでも続く幸運は彼にとってしゃくの種だった.

at trække **torsk** i land

[鱈（たら）を陸に引き上げる]

〈日〉大いびきをかく

Du har ligget og trukket torsk i land.
君は横になって大いびきをかいていた.

at bringe noget til torvs — …を発表する；言いふらす

[ナニカを広場にもたらす]

De havde ikke megen tiltro til de oplysninger, han bragte til torvs.
彼らは彼が広めた情報をあまり信用していなかった.

at fare/ryge i totterne på nogen/hinanden — 殴り合いになる，喧嘩をはじめる，口喧嘩を始める

*[ヒト/互いの髪の房に飛び込む]

Børnene røg i totterne på hinanden.
子供たちは喧嘩を始めた.

at være (helt) ude i tovene — 〈日〉窮地に追い込まれている，絶体絶命である；我を忘れている，逆上している

*[(まったく)外でロープの中にいる]→[(ボクサーがリングの端で)ロープに追いつめられている]

Han havde været helt ude i tovene på grund af massive problemer på sit arbejde og i familien.
彼は仕事と家庭で大きな問題があって窮地に立たされていた.

at være på trapperne — 〈日〉今にも起こりそうである；さし迫っている；もうすぐ来る

[階段の上にいる·ある]

Hans næste bog er lige på trapperne.
彼の次の本は今にも出版されようとしている.

ikke have en **trevl**/trævl på kroppen [身体に一糸もまとっていない]	裸である，一糸もまとっていない Jeg har lige fortalt mine elever om Sokrates, der gik rundt uden en trevl på kroppen. 私はちょうど生徒たちに裸で歩き回っていたソクラテスについて話したところです．
at slå på **tromme** for nogen/noget [ヒト/ナニカのために太鼓をたたく]	…の宣伝をする；…の代弁者･主唱者である Han slog på tromme for sænkning af skatteprocenten. 彼は税率を引き下げることを唱道した．
at følge **trop** (med nogen) [(ヒトとの)隊に従う]	(…と)一緒に行く；歩調を合わせる；一致団結する Han gik så hurtigt, at hun havde svært ved at følge trop. 彼は，彼女がついていくのが困難なほど速く歩いた．
at hænge i en tynd **tråd** [細い糸にぶら下がっている]	非常に危ない，危険にさらされている，風前の灯である；…を放棄しなくてはならない恐れがある Hele planen hang i en tynd tråd. その計画全体が風前の灯であった．
at tabe **tråden** [糸を失う]	(話･考えの)脈絡を見失う Pludselig tabte han tråden. 突然彼は話の脈絡を見失ってしまった．

at være let/løs på **tråden**

[糸が軽い/ゆるい]

ふしだらな；(性的に)だらしのない

»Har hun nu en ny kæreste igen?«
»Ja, hun er lidt løs på tråden.«

「彼女はまた新しい恋人ができたの.」
「そうよ，彼女はちょっとだらしがないのよ.」

at samle **trådene**

[糸を集める]

物事を管理する；調整する

Som projektleder var det hans opgave at samle trådene.

プロジェクトリーダーとして仕事の調整を図るのは彼の務めだった.

at trække i **trådene**

[糸を引っぱる]

陰で糸を引く

»Han siger ikke så meget til afdelingsmøderne.«
»Nej, men det er alligevel ham, der trækker i trådene.«

「彼は部局の会合ではあまりものを言いませんね.」
「そうですね．しかし陰で糸を引いているのはやはり彼なのですよ.」

at være godt skåret for **tungebåndet**

[舌小帯がよく切れている]

弁才がある；口達者である；おしゃべりである

En dygtig sælger skal være godt skåret for tungebåndet.

有能なセールスマンは口達者でなければならない.

at holde **tungen** lige i munden [口の中で舌をまっすぐに保つ]	バランスをとる；平衡を保つ；足元に用心する；平静を保つ Det var temmelig mørkt, og vejen var glat, så det gjaldt om at holde tungen lige i munden for ikke at vælte. かなり暗くて，道は滑りやすかったので，転ばないように足元に注意することが大切だった．
at kunne have bidt **tungen** af sig selv [自分の舌を噛みちぎることもできたのだが]	自分の言ったことを後悔する Så snart hun havde sagt det, kunne hun have bidt tungen af sig selv. 彼女はそう言うとすぐに，言ったことを後悔した．
at være **tungen** på vægtskålen *[はかりの皿の上の舌である]	決定的である；キャスティングボートをにぎっている Hans stemme var tungen på vægtskålen i afstemningen. 彼の票はその投票のキャスティングボートであった．
at tage noget **tungt** [ナニカを重くとる·扱う]	…を重大視する，重く(深刻に)考える；…で悩む；非常に悲しむ »Det var dog en voldsom reaktion!« »Åh, det skal du ikke tage så tungt. Hun er en pige med temperament.« 「ほんとうに激しい反応だこと.」「あのね，そのことで悩まないで．彼女は気性の激しい子なんです.」

at (gå og) **tygge** på noget

[ナニカを(奥歯で)よく噛んでいる]

…をよく考える；熟考する；考えめぐらす

Han gik længe og tyggede på, hvad hun havde sagt.

彼は，彼女が言ったことを長いこと考えていた．

at følge nogen gennem/i **tykt** og tyndt

[厚いものと薄いものを通して/の中でヒトに従う]

…に忠誠である；…と団結している

De to brødre holder altid sammen. De følger hinanden i tykt og tyndt.

あの二人兄弟はいつも助け合っている．彼らはどんなことがあっても団結している．

at tage **tyren** ved hornene

[雄牛を角でつかむ]

すぐさま事にあたる；恐れずに事にあたる

Vi må tage tyren ved hornene, hvis vi skal nå det hele.

もし時間までに全部やってしまおうと思うならば，すぐに始めなければなりません．

at krumme/krølle **tæer**(ne)

[足の指を曲げる]

いやな気分になる；ばつの悪い気持ちになる；気まずい思いになる

Han krummede tæer, da han læste romanen.

彼はその小説を読んだとき，いやな気分になった．

at træde nogen over **tæerne**

[ヒトのつま先を踏む]

〈日〉…の感情を害する

Hans udtalelser trådte hende over tæerne.
彼の発言に彼女は感情を害した.

at være på **tæerne**

[つま先でいる/立っている]

1. 忙しくしている；活動的である；意欲的である

Medarbejderne er hele tiden på tæerne.
従業員たちはたえず忙しくしている.

2.〈日〉油断をしない

»Hvordan går det med dit nye firma?«
»Udmærket. Men man skal være på tæerne, hvis man skal klare sig i denne branche.«
「あなたの新しい会社の調子はどうですか.」
「上々です. しかしこの業界でやっていくには油断をしてはいけません.」

at vise **tænder**

[歯を見せる]

〈日〉怒る；威嚇する；歯をむき出す

Gravhunden viste tænder, da den fik øje på koen.
そのダックスフントはその牛を見ると歯をむき出して威嚇した.

at bide **tænderne** sammen

[歯をかみ合わせる]

悲しみなどをこらえる；何かをできるようにするため努力する；歯を食いしばる

Hun bed tænderne sammen og tav.
彼女は歯を食いしばって押し黙った.

at føle nogen på **tænderne**

[ヒトの歯に触れる・さわる]

…の人物を評価する；…の人物・能力を吟味する・探る

Personalechefen følte ansøgeren på tænderne.

人事部長は申請者・応募者の人物を探った.

at være væbnet/rustet til **tænderne**

[歯のところまで武装/装備している]

〈日〉（戦い・討論などに）準備万端ととのえている

Hun var rustet til tænderne inden den mundtlige eksamen.

彼女は口頭試験の前に準備万端ととのえていた.

at komme/være under **tøffelen**

[スリッパの下に来る・いる]

女房の尻に敷かれ（てい）る

»Er han ikke meget eftergivende over for sin kone?«
»Jo, han er helt under tøffelen.«

「彼はとても奥さんの言いなりではないですか.」
「そうですよ．完全に尻に敷かれていますから.」

at slå sig i **tøjret**

[つなぎ綱の中で（つながれて）けがをする・曲がる・闘う]

…に反抗する

Børnene var kommet i den alder, hvor de begyndte at slå sig i tøjret.

子供たちは反抗を始める年頃になっていた.

at løbe tør for noget

〈日〉…がそれ以上なくなる

[ナニカのために走って乾く]

Han var godt at hente inspiration hos, når man var løbet tør for ideer.

良い考えがそれ以上浮かばないときには，彼はインスピレーションを得るのに格好の人物だ.

at tage en/sin tørn

ひと仕事する；手を貸す；仕事の自分の分担を行なう

*[仕事/自分の仕事の順番をとる]

Han havde været topspiller i mange år og ville nu trække sig tilbage. Men han lod sig overtale til at tage endnu en tørn.

彼は何年もの間トッププレーヤーだった．そして今や引退しようと考えていた．しかし彼はもうひと仕事するように説得された.

at tage en tørn med nogen

…と闘う // 激しい討論をする；渡り合う；…を説得しようとして口論になる

[ヒトと仕事の順番をとる]

Skønt de havde taget mangen en tørn med hinanden gennem årene, var de stadig gode venner.

長年の間に彼らは互いに口論になったことがたくさんあったが，依然として親友同士である.

at have sit på det tørre

〈日〉経済的に安泰である

[自分のものを乾いたものの上に持っている]

Efter at have arvet sin fars formue har han sit på det tørre.

父親の財産を相続した後では彼は経済的に安泰である.

at give nogen tørt på

[ヒトに乾いたものを着せる]

〈日〉…をたしなめる，しかりつける

»Så du debatten i tv i går aftes?«
»Ja, jeg skal love for, at de gav hinanden tørt på.«
「昨夜テレビの討論を見ましたか.」
「ええ，なんと，あの人たちは互いをしかりつけていましたね.」

at græde salte tårer

[塩の涙を流す]

激しく泣く，号泣する

Pigen græder salte tårer, for hun er alene hjemme.
その少女は号泣している．というのも家にひとりでいるからである.

at græde tørre tårer (over noget)

*[(ナニカのことで)乾燥した涙を流す]

悲しまない；(嬉しいのに·満足しているのに)悲しむふりをする；涙を流すふりをする

»Har du hørt, at vores gamle vicevært holder op?«
»Nej, men det vil jeg nu græde tørre tårer over. Han er en sur stodder.«
「私たちの年とった管理人が辞めるというのを聞きましたか.」
「いいえ，でも悲しみませんよ．彼は気難しい，いやな奴だから.」

at være selv **ude** om det

[自分で外のナニカの周りにいる]

…の原因である，自業自得である

Han var selv ude om, at det gik galt.
それが失敗したのは彼の自業自得であった.

der er **ugler** i mosen

[沼地にフクロウがいる]

何かがおかしい

»Jeg synes, der er forbløffende stille oppe hos børnene.«
»Ja, der er vist ugler i mosen.«
「上の子供部屋は驚くほど静かだなあ.」
「そうねえ，たぶん何かがおかしいわね.」

en **ulv** i fåreklæder

[羊の服を着た狼]

偽善者；善良を装った危険人物，羊の皮をかぶった狼

Pas på ham! Han er en ulv i fåreklæder.
彼に気をつけて！彼は羊の皮をかぶった狼よ.

V

at råbe **vagt** i gevær	警告する
*[銃の中に見張りを叫ぶ(?)]	Udviklingen får os til at råbe vagt i gevær. 事態の展開を見ると，私たちは警告しなくてはならない．
at hælde **vand** af øret	偽善的な優しさ·親切さを見せる
[耳の中から水を注ぐ]	Han stod bare og hældte vand af øret. 彼はただ親切そうにふるまっていただけだ．
at komme ud på dybt **vand**	困難に陥る
[水の深い所に出て行く//入って行く]	Da læreren stillede ham det spørgsmål, kom han virkelig ud på dybt vand. 先生が彼にその質問をしたときに，彼は本当に困ったことになった．
at slå koldt **vand** i blodet	怒りを抑える，緊張した状況で冷静さを保つ
[血の中に冷たい水を投げかける]	Hun skulle lige til at råbe op, men det lykkedes hende at slå koldt vand i blodet. 彼女は叫びそうになったが，それを抑えることに成功した．

at være (lige) **vand** på nogens mølle

*[(まさに)ヒトの水車の上の水である]

…にぴったりである·ふさわしい；…にとってもっけの幸いである，思うつぼである

Statsministerens uoverlagte bemærkning var vand på oppositionens mølle.
首相の軽率な発言は対抗勢力の思うつぼだった.

der er lukket for det varme **vand**!

[温水は閉まっている]

〈日〉もはや得るものはない

»Kan du låne mig 100 kr.?«
»Nul! Ikke før du har betalt, hvad du skylder mig. Der er lukket for det varme vand!«
「100クローネ貸してくれますか.」
「だめ．僕から借りているのを支払ってくれるまではね．もうこれ以上何も手に入らないよ.」

det er som at slå **vand** på en gås

[それはガチョウに水をかけるようなものである]

〈古〉糠(ぬか)に釘，暖簾(のれん)に腕押し

Det er som at slå vand på en gås at prøve at overtale ham.
彼を説得しようとするのは暖簾に腕押しである.

at fiske i rørt **vande**

[波立つ水の中で魚を釣る]

他の混乱に乗じて利を占める

Republikanerne har fisket i rørt vande.
共和制主義者は混乱に乗じて利を占めた.

at træde vande

*[水を踏む] → [立ち泳ぎをする]

成り行き·様子を見る；躊躇する，ためらう

De trådte vande i flere dage med forhandlingerne.

彼らはそれらの交渉で何日間も成り行きを見守っていた//ためらっていた.

at falde/gå i vandet

[水に落ちる/入る；(海)水浴をする]

1.〈日〉飲んで酔っぱらう；外に飲みに行く

Efter den første skoledag faldt jeg i vandet om eftermiddagen.

学校初日のその午後，私は酒を飲んで酔っぱらってしまった.

2.〈日〉(アルコール,麻薬などを止めていたのを)再び始める

Jeg har før været stoffri i et år, men gik i vandet, fordi jeg ingen steder havde at gå hen.

私は以前，1年間麻薬を止めていたが，行くべき場所がぜんぜんなかったので，また始めてしまった.

3.〈日〉へまをする，失敗する；ひっかかる，だまされる

Han havde betalt en formue for det billede i den tro, at det var ægte. Men det viste sig at være en kopi, så han var gået lige i vandet.

彼は，その絵画が本物だと信じてその絵に大金を支払った．しかしそれは贋作(がんさく)だと分かり，彼はまんまとだまされたのだった.

at ligge **vandret** (i luften)

[(空中に)水平に横になっている]

〈日〉多忙である；多くのことを同時にこなしている

Hun havde ikke tid til at snakke. Som sædvanlig lå hun vandret i luften.

彼女は話をする時間がなかった．いつものごとく彼女は多忙だった．

på med **vanten**!

[手袋·ミトンをはめよ！]

〈日〉始めろ！行け！急げ！やれ！かかれ！元気を出せ！頑張れ！

»Jeg ved ikke, om jeg tør starte på universitetet.«
»Årh, bare på med vanten!«

「私には大学で勉学を始める勇気があるかどうか分かりません.」
「何を言っているの．頑張れ！」

at gå/ryge i **vasken**

[流しに流れる]

〈日〉実現しない，失敗する，流れる，お流れになる，オジャンになる

Hans ferie gik i vasken, fordi han blev syg.

彼の休暇は彼が病気になったのでオジャンになった．

noget har **vasket** sig

*[ナニカが自らを洗った]

〈日〉並外れている；驚くほどである；すごいものである

»Min onkel tjener næsten en million om året.«
»Det er sandelig en løn, der har vasket sig.«

「私のおじは年間に100万弱稼ぎます.」
「それはほんとうに並外れた給料ですね.」

at pakke nogen/noget ind i **vat**

[ヒト/ナニカを綿にくるむ]

（子供などを）過保護にする；…を注意深く扱う

Hun pakkede meddelelsen ind i vat for at skåne ham.

彼女は彼に配慮してその知らせを注意深く扱った.

at bære **ved** til bålet

[まきをたき火に運ぶ]

〈改〉感情を高ぶらせる；摩擦を激化する

Der er ingen grund til at bære ved til bålet.

感情を高ぶらせる理由は何もない.

(at mærke) hvad **vej** vinden blæser

[どの道を風が吹いているか(感じる)]→[風向きを調べる]

目下の雰囲気·傾向を調べる；世論の向かう所を知る；世論の風向き·動向を調べる

Virksomhederne er ikke i tvivl om, hvad vej vinden blæser: kunderne vil have miljøvenlige produkter.

諸企業は世間の傾向に確信を持っている. つまり顧客たちは環境に優しい製品を望んでいるのである.

at bede (nogen) om godt **vejr**

[(ヒトに)良い天気を乞う]

(…に)許しを乞う

Hun har gået og været sur på ham, men nu har han bedt om godt vejr.

彼女は彼にずっと腹を立てていた. しかし今や彼は許しを乞うた.

at komme under vejr med noget

*[ナニカとの天気の下に来る]

〈古〉…を知る，嗅ぎつける，察知する

Jeg er kommet under vejr med, at direktøren vil trække sig tilbage.
私は社長が引退するということを嗅ぎつけた．

at være helt hen i vejret

[かなた上方にある·行っている]

無意味である，馬鹿げている，ナンセンスである

Den påstand er helt hen i vejret.
あの主張はまったくナンセンスだ．

at kigge i vejviseren efter noget

[ナニカを求めて·探して案内書を見る//で調べる]

〈日·俗〉あきらめる；指をくわえて見ている

På grund af de få uddannelsespladser må mange unge kigge i vejviseren efter videre uddannelse.
教育の場において定員数が少ないために大勢の若者が進学にあたり指をくわえて見ていなければならない．

at trække (store) veksler på nogen/noget

*[(ヒト/ナニカに(大きな)手形を振り出す]

無理な我慢//つらい忍耐を強いる；大きすぎる親切を要求する；…の援助を利用する

Præsten trak store veksler på menighedens tålmodighed med sin endeløse prædiken.
牧師は長々と説教をして会衆につらい忍耐を強いた．

at synge på (det/sit) sidste **vers**

[(自分の)最後の詩行を歌う]

終わりつつある;終わりが近い;死にかかっている;壊れかかっている

Den gamle bil synger på sit sidste vers.

その古い自動車は壊れかかっている.

at få/have **vind** i sejlene

[帆に風を受ける/受けている]

物事(万事)がうまくいく,順風満帆である

Firmaet har vind i sejlene.

その会社は順風満帆である.

at løbe/rende med en halv **vind**

*[半分の風を持って走る]

〈古〉きちんと分かっていないこと//きちんと調べていないことについて発言する;中途半端な情報を流す

»Du kan ikke regne med, hvad han siger,« sagde hun. »Han løber tit med en halv vind.«

「彼の言うことはあてにできませんよ.彼はよく分かりもしないことをしょっちゅう口にしますからね.」と彼女は言った.

at snakke om **vind** og vejr

[風と天気について話す]

とりとめもないおしゃべりをする,特に重要でもないことをあれこれ話す

»Jeg mødte Lise i dag.«
»Nå, havde hun noget spændende at fortælle?«
»Næ, vi snakkede bare om vind og vejr.«

「今日リーセに会いました.」
「そうですか.何か面白いことを言っていましたか.」
「いいえ,私たちはとりとめのない話をしただけですから.」

at tage nogen ved **vingebenet**

*[ヒトを羽の骨のところでつかむ]

…の腕をしっかりつかむ；…をとがめる，しかる，たしなめる

Avisen tog ham ved vingebenet og afdækkede hans udtalelser.

新聞は彼をとがめて，彼の発言を暴いた.

at stække nogens **vinger**

*[…の羽を切る]

…の活動を抑える

Ministeren blev ikke fyret, men fik stækket sine vinger.

大臣は首になったわけではないが，活動を抑えられた.

at spille første/anden **violin**

[第１/第２バイオリンを弾く]

指導的な役割を演じる，人の上に立つ/従属的な役割を演じる，人の下につく

Han brød ud af makkerskabet, fordi han var træt af at spille anden violin.

彼はその協力関係から抜け出した. なぜならば彼は人の下につくのがいやになったからである.

at tale op ad **vægge** og ned ad stolper

[壁沿いに上に向かって話し，柱沿いに下に向かって話す]

のべつ幕なしにしゃべる；どうでもいいことをペラペラしゃべる

Han talte op ad vægge og ned ad stolper om sin tid i USA, men ingen gad rigtig lytte.

彼は自分がアメリカ合衆国にいた頃のことをのべつ幕なしにしゃべったが，誰もちゃんと聴こうとしなかった.

V

at sætte nogen til **vægs**

[ヒトを壁に向けて座らせる]

（討論で）…に勝つ，…を参らせる

Han er en dygtig debattør, svær at sætte til vægs.

彼は有能な論客で，打ち負かすのは困難だ．

hverken få **vådt** eller tørt

[しめったものも乾いたものも得ない]

飲むものも食べるものも口にしない

De omkring 3.000 fanger fik hverken vådt eller tørt i tre dage.

約3000人の捕虜は３日間，飲物も食物も与えられなかった．

at ligge på sit **yderste**	死に瀕している
[自分の最も外側に横たわっている]	Den gamle kone ligger på sit yderste. その年老いた婦人は死に瀕している.

at (måtte) bide i det sure **æble**

[そのすっぱいリンゴを噛む(噛まねばならない)]

いやなこと//やりたくないことをしなくてはならない//やむを得ずやる

Han var ikke meget for at bede sine forældre om hjælp, men til sidst måtte han bide i det sure æble.

彼は自分の両親に援助を頼むのはあまり気乗りがしなかったが，最後にはそうせざるを得なかった.

at **ærgre** sig gul og grøn

*[黄色と緑にくやしがる]

ひどくくやしがる

Han ærgrede sig gul og grøn over parkeringsbøden.

彼は駐車違反の罰金に対してひどくくやしがった.

at binde nogen noget på **ærmet**

[ヒトにナニカを袖の上に結ぶ；ヒトの袖の上にナニカを結ぶ]

…に…を思い込ませる

Han bandt hende altid noget på ærmet.

彼はいつも彼女に何かを信じ込ませた(彼女をだました).

at ryste noget ud af **ærmet**/ærmerne

[ナニカを袖から振って出す]

〈日〉…を魔法·魔術で出す；即興で作る；いとも簡単に作り出す；容易に思いつく

Han var god til at ryste vittigheder ud af ærmet.

彼はジョークを即興で作るのが上手だった.

at klare ærterne

[えんどう豆を何とかする]

〈日〉問題を解決する；困難な仕事·任務·状況を何とかする；(苦境を)切り抜ける

»Fik du ordnet det med din skat?«
»Ja, jeg har klaret ærterne.«
「税金のことは片づけましたか.」
「はい，何とかしました.」

at have et godt øje til nogen

*[ヒトに対して良い目を持っている]

1. …に関心がある；…に恋をしている，…が好きである

Han har et godt øje til blondinen.
彼はその金髪娘にほれている.

2. 〈ア〉…に疑惑を抱いている//目をつけている

Efterretningstjenesten havde længe haft et godt øje til ham.
諜報部は長年彼に疑惑を抱いていた.

at have et øje på hver finger

[どの指にも目を持っている]

油断なく目を配っている

Når man går på gaden med sådan en flok børn, skal man have et øje på hver finger.
そのような子供の集団と通りを歩くときは，油断なく目を配らなくてはならない.

at få/tage sig (en lille) én på øjet

*[自分自身のために片方の目の上に(小さいのを)ひとつ得る]

〈日〉うたた寝をする，ちょっとひと眠りする

Han fik sig en på øjet efter frokosten.
彼は昼食の後ちょっとひと眠りした.

lige i øjet

[ちょうど目の中に]

核心を突ついて，的を射て

Den bemærkning sad lige i øjet.
そのコメントは的を射たものだった.

at have øjne i nakken

[首筋に目を持っている]

何でもお見通しである；油断なく目を配っている；何一つ見逃さない

Jeg føler, jeg ikke kan røre mig, når svigermor er på besøg. Hun har simpelthen øjne i nakken.

私は義母が訪ねてきているときは身動きひとつ取れない感じがする．彼女はほんとうに何一つ見逃さないから．

nogens øjne//øjnene løber i vand

[ヒトの目//目が水の中に流れる]

悲しみや怒りで目が涙であふれる

Mine øjne løber i vand i stærk blæst.

強風で私の目から涙がこぼれた．

nogens øjne står på stilke

[ヒトの目が茎の上にある]

熱心にじろじろと見る

Børnenes øjne stod på stilke, da de kom ind i legetøjsafdelingen.

子供たちはおもちゃ売り場に足を踏み入れたとき，熱心にじろじろ見つめた．

(at tale med nogen) under fire øjne

*[4つの目の下で(ヒトと話す)]

二人だけで//差し向かいで//内密に（…と話をする）

Chefen ønskede at tale med ham under fire øjne.

上司は彼と二人だけで話すことを望んだ．

at falde i øjnene

[目の中に落ちる]

目につく；注意を引く；一目瞭然である

De stærke farver er det første, der falder i øjnene.

それらの鮮やかな色は目につく最初のものです．

at få øjnene op for noget
…に気づく

[ナニカに対して/の前で目を上に上げる//目を開ける]

Stadig flere får øjnene op for de voksende miljøproblemer.
次第に大きくなっている環境問題に気づく人がますます増えている.

at koste det hvide ud af øjnene
〈俗〉非常に高価である；目玉が飛び出るほどである

*[目の中から出てくる白いものの値段がする]

»Sikke en lækker pels!«
»Ja, og den koster nok det hvide ud af øjnene.«
「まあなんて素敵な毛皮なの！」
「ほんとうね，たぶん目玉が飛び出るほど高いわよ.」

at se noget i øjnene
…を直視する；認める，認識する；悟る

[ナニカを目の中に見る]

Han måtte se i øjnene, at han ikke havde råd til det hus.
彼は自分にはあの家を買う余裕がないことを認めねばならなかった.

ikke gøre noget for nogens blå øjnes skyld
自身の利益を考えることなく…をしない，…への好意だけから…をするのではない

[ヒトの青い目のためにナニカをしない]

Tro ikke, han gør det for dine blå øjnes skyld.
彼があなたへの好意だけからそれをするなんて信じてはいけません.

at sove på sit grønne øre

*[自分の緑色の耳の上で眠る]

ぐっすり眠る

»Er Peter ikke stået op endnu?«
»Nej, han sover på sit grønne øre.«
「ピータはまだ起きていないの.」
「ええ，彼はぐっすり眠っている.」

at vende det døve **øre** til

[聞こえない方の耳を向ける]

聞こうとしない，聞く耳をもたない，耳を貸そうとしない

Han vender altid det døve øre til, når tanten taler.
彼はおばさんが話しているときはいつも聞こうとしなかった.

kun høre efter med et halvt **øre**

[半分の耳でのみ聞く]

上の空で聞く

Når moderen talte om sine alderdomssvagheder, hørte hun kun efter med et halvt øre.
母親が自らの老衰について話すとき，彼女はいつも上の空で聞いていた.

at spidse **øren**/ører

[耳をピンと立てる]

聞き耳を立てる

Den underlige lyd fik folk til at spidse ører.
そのおかしな音は人々の耳をそば立てさせた.

at have lange **ører**

[長い耳を持っている]

聞き耳を立て(てい)る，耳をそばだて(てい)る

Snak ikke så højt, han har lange ører.
あんまり大きな声で話さないで．彼が聞き耳を立てているから.

at tale for døve ører/øren
[聞こえない耳に話す]

馬の耳に念仏である

At snakke rejse med ham er at tale for døve ører.
彼と旅行について話すのは無駄なことである.

at blive hed om ørerne
[耳の周りが熱くなる]

心配になる, 不安になる;こわがる, おびえる

Han blev hed om ørerne, da han tabte vasen.
彼は花瓶を落とし(て壊し)たときこわくなった.

at få ørerne i maskinen
[耳を機械の中に入れる]

〈日·俗〉苦難·窮地に陥る

Han fik ørerne i maskinen pga. sine udtalelser.
彼は自分の言ったことが原因で窮地に陥った.

at have meget om ørerne
[耳の周りにたくさんのものを持っている//たくさんのものがある]

忙しい;すべきことがたくさんある//あって忙しい

Hun har meget om ørerne, så hun har ikke tid.
彼女はしなくてはならないことがいっぱいあって時間がない.

at holde nogen i **ørerne**

[ヒトの耳をつかむ·つまむ]

…がきちんとふるまうように//なすべきことをきちんとするように気を配る；…をコントロールする；…を厳しく監視する

Ungerne skal holdes i ørerne, ellers laver de ballade.

子供たちは目を配っておかないといけません．そうしないと大騒ぎを起こしますよ．

at holde **ørerne** stive

[耳を固い状態に保つ]

特別に·十分に注意を払う；注意深く聴く；じっと聞き入る

»Dét her er svært,« sagde læreren. »Så nu gælder det om at holde ørerne stive.«

「これは難しいですよ．だからよく注意して聴かないといけませんよ．」と先生は言った．

at hænge med **ørerne**

*[耳と一緒にぶら下がる；耳が垂れている]

〈日〉悲しそうに//がっかりしたように見える；意気消沈している；うちしおれている

Går Peter ikke og hænger lidt med ørerne for tiden?

ピータはこの頃元気がないようではありませんか．

at skrive sig noget bag **øret**

[自分のために耳の後ろにナニカを書く]

覚える；覚えておく

Jeg skriver mig det lige bag øret til næste møde.

次の会合までそれを覚えておきます．

Ø

at være en ørn til noget 〈日〉…がとても上手である

[ナニカに対して鷲である]

Han er ikke nogen ørn til at stå på ski.

彼はスキーが特に上手というわけではない.

at være dum som en østers とてもまぬけである

[牡蠣のようにまぬけである]

Selvom han virker flink, er han dum som en østers.

彼は賢そうだが，とてもまぬけだ.

at gå over **åen** efter vand

[水を求めて川を渡る]

無駄な回り道をする；回りくどいことをする；しなくて良い骨折りをする；無駄なことをする

»Jeg har lige været henne efter is.«
»Det var da at gå over åen efter vand. Vi har noget i fryseren.«

「ちょうどアイスクリームを買いに行ってきたところです.」
「それは無駄なことをしたものですよね. 冷凍庫にありますよ.」

at have mange **år** på bagen

*[背中に多くの年を持っている]

長く生きている；経験豊富である

Han vidste alt om tøj, men han havde også mange år på bagen inden for modebranchen.

彼は洋服に関して何でも知っていたが, 実際ファッション業界での経験も豊富であった.

著者紹介

鈴木雅子［すずき・まさこ］大阪外国語大学非常勤講師(デンマーク語学)
新谷俊裕［しんたに・としひろ］大阪外国語大学教授(デンマーク語学)

目録進呈　落丁本・乱丁本はお取替えいたします。

平成15年5月10日　©第1版発行

デンマーク語慣用表現小辞典

編著者　鈴木雅子
　　　　新谷俊裕

発行者　佐藤政人

発行所
株式会社 大学書林
東京都文京区小石川4丁目7番4号
振替口座 00120-8-43740番
電話 (03) 3812-6281～3番
郵便番号 112-0002

ISBN4-475-01156-6　大文社・文章堂製本